KOOKBOEK MET SNIJPLANKEN EN CHARCUTERIEBORDEN

100 recepten met smeersels, vleeswaren, kazen en meer

Anne Kok

auteursrechten Materiaal ©2023

Alles Rechten Gereserveerd

Nee onderdeel hiervan _ boek kunnen bidden gebruikt of verzonden in elk formulier of dorp elk middelen zonder de juist geschreven toestemming van de uitgevers geest auteursrechten eigenaar, behalve voor kort citaten gebruikt in A beoordeling. Dit boek zou moeten opmerking bidden beschouwd A vervanging voor medisch, legaal, of ander pr van essioneel advies.

INHOUDSOPGAVE _

INHOUDSOPGAVE _..3
INVOERING..7
charcuterieplanken en schotels..9
1. Klassieke charcuterieplank...10
2. Mediterraanse mezzeschotel..12
3. Italiaanse antipastoschotel...14
4. Aziatisch geïnspireerde charcuterieschotel......................16
5. Frans geïnspireerde charcuterie.......................................18
6. Wanderlust Kaasplankje..21
7. Zomercharcuterie Snackplank..23
8. Antipasto Voorgerecht Kaasplankje.................................25
9. Ahorncrème en appelgebakken briebord........................27
10. Herfstcharcuteriebord met honingbrie, vijgen en rozemarijn..29
11. Saladebord met prosciutto en vijgen..............................31
12. Fruitig bord..33
13. Ultieme kaasplank met geroosterde druiven.................35
14. Spaanse Tapasplank...37
15. Presidentiële kaasplank...39
16. Brunchbord..41
17. Vlees- en Kaasschotel..43
18. Kaas- en Charcuterieplank..45
19. Winterkaasplankje..47
20. Zoet-zoute Fruicuterieplank..49
21. Spaans geïnspireerde kaasplank....................................51
22. Charcuterieplank Flatbread...53
23. Charcuteriebord met spek-uienjam................................55
24. Butternut Squash Cheeseball en Kaasplankje..............57
25. Dinerwaardige charcuterieplank.....................................60
26. De lichtere kaasplank..62
27. Kaasfonduebord..64
28. Het ultieme Burrata-kaasplankje....................................67

29. Voorgerechtschotel met Gerookte Zalm..........................69
30. Mediterraanse mezzeschotel................................71
31. Charcuteriebord uit het Midwesten.........................73
32. Het ultieme ontbijtbord......................................75
33. Lente kaasplankje..77
34. Veganistisch Charcuteriebord.............................79
35. Chocolade Charcuterie Bord..............................81
36. Snoepland 'Jarcuterie'......................................83
37. Dessertbord met cranberry-chocoladetruffels...............85
38. Ontbijt Charcuterie Bord...................................88
39. S'Mores Charcuteriebord..................................90
40. Burger Charcuterie Bord..................................92
41. Frituur Charcuteriebord...................................94
42. Popcorn Movie Night Charcuteriebord..................96
43. Chili Charcuteriebord......................................98
44. Taco Night Charcuteriebord.............................100
45. Lekkere chocoladefondue-charcuterieplank.............102
46. Hot Wings Charcuteriebord.............................104
47. Feestelijk en kleurrijk charcuteriebord voor verjaardagsfeestjes..106
48. Kerstdessert Charcuteriebord...........................108
49. Filmavond Charcuteriebord..............................111
50. Valentijn dessertbord......................................113
51. Paascharcuteriebord......................................115
CHARCUTERIE VARKENSVLEES...................................117
52. Capicola..118
53. Drooggezouten Ham....................................121
54. Genezen spek...123
55. Pittige Pepperoni...125
56. Pancetta...128
57. Prosciutto..131
58. Guanciale..133
59. Beker..135
60. Lardo...137
61. Soppressata...139

62. Bresaola 141
63. Chorizo 143
64. Jamón 145
65. Culatello 147
66. Mortadella 149
67. Spek 152
68. Nduja 154
69. Sobrasada 156
70. Culaccia 158
71. Lonza 160
72. Bierworst 162
73. Kabanos 164
74. Lonzino 166
75. De kogel 168
76. Ciauscolo 171
77. Kunchiang 174

CHARCUTERE RUNDVLEES 177
78. Luchtgedroogde Bresaola 178
79. Wagyu-rundvlees Bresaola 181
80. Cornedbeef 183
81. Bündnerfleisch 186
82. Pastrami 189
83. Biltong 191
84. Rundvleespancetta 193
85. Rundvleessalami 195
86. Bologna 197

CHARCUTERIE GEVOGELTE 200
87. Eend prosciutto 201
88. Duik hem 204
89. Kip Pastrami 206
90. Turkse Bacon 208
91. Kippen worst 210
92. Corned Kip 213

CHARCUTERY VISSEN EN ZEEVRUCHTEN 216
93. Gravlax / Gravlax 217

94. Gezouten garnalen..219
95. De zalmham..221
96. Gezouten Sardines...223
97. Gezouten Makreel..225
98. Genezen Sint-jakobsschelpen..................................227
99. Genezen zwaardvis..229
100. Gezouten forelkuit (kaviaar)..................................231
CONCLUSIE...233

INVOERING

Welkom in de wereld van stijlvol entertainment en verrukkelijke weidegang - een wereld waar charcuterieplanken en -schotels centraal staan en gasten boeien met hun kunstzinnige arrangementen en overheerlijke variatie. In dit kookboek nodigen we je uit om deel te nemen aan een culinaire reis die de kunst viert van het maken van verbluffende en heerlijke smeersels, gevuld met een scala aan vleeswaren, ambachtelijke kazen, verleidelijke bijgerechten en meer.

Charcuterieborden en -schotels bieden een unieke en verleidelijke manier om te entertainen, of u nu een intieme bijeenkomst organiseert, een feestelijk evenement organiseert of gewoonweg geniet van een speciale traktatie voor uzelf. Op deze pagina's vindt u een verzameling recepten, tips en inspiratie waarmee u prachtige displays kunt maken die indruk zullen maken op uw gasten en die u zullen verrassen.

We begeleiden u bij het selecteren van de beste kwaliteit charcuterie, het combineren ervan met bijpassende kazen en het kunstig samenstellen van een scala aan overheerlijke bijgerechten. Van seizoensfruit en hartige dips tot knapperig brood en verrukkelijke smeersels: wij laten u zien hoe u harmonieuze smaakcombinaties kunt creëren die een blijvende indruk achterlaten.

Bereid je voor om je innerlijke entertainer wakker te maken en de vreugde van samenkomen en grazen te omarmen. Met een vleugje creativiteit en een vleugje culinaire finesse kunt u prachtige charcuterieplanken en -schotels creëren die niet alleen de smaakpapillen verzadigen, maar ook dienen als middelpunt voor onvergetelijke momenten van gedeelde verwennerij.

charcuterieplanken en schotels

1.Klassieke charcuterieplank

INGREDIËNTEN:
- Diverse soorten vleeswaren (zoals prosciutto, salami en coppa)
- Verscheidenheid aan kazen (zoals cheddar, brie en blauwe kaas)
- Olijven en augurken
- Diverse crackers en brood
- Vers fruit (druiven, vijgen en bessen)
- Noten (amandelen, walnoten en cashewnoten)
- Dips (hummus, mosterd en chutney)

INSTRUCTIES:
a) Schik een grote houten plank of schaal.
b) Rol of vouw het gezouten vlees en plaats het op het bord.
c) Snijd de kazen in hapklare stukjes en schik ze op het bord.
d) Voeg olijven, augurken en dipsausjes toe aan het bord.
e) Vul lege ruimtes met crackers, brood, vers fruit en noten.
f) Serveer en geniet!

2. Mediterraanse mezzeschotel

INGREDIËNTEN:
- Hummus
- Tzatziki-saus
- Baba ghanoush
- Pitabroodje of pitabroodjes
- Falafelballetjes
- Druivenbladeren
- Cherry-tomaten
- Komkommer plakjes
- Kalamata-olijven
- Feta kaas
- Olijfolie en partjes citroen (om te besprenkelen)

INSTRUCTIES:
a) Zet een bord of dienblad klaar.
b) Plaats kommen hummus, tzatziki-saus en baba ghanoush op de schaal.
c) Voeg pitabroodje of pitabroodjes rond de kommen toe.
d) Schik falafelballetjes, druivenbladeren, kerstomaatjes, plakjes komkommer en Kalamata-olijven op de schaal.
e) Verkruimel de fetakaas erboven.
f) Druppel olijfolie over het bord en knijp de partjes citroen uit.
g) Serveer en geniet!

3. Italiaanse antipastoschotel

INGREDIËNTEN:
- Gesneden prosciutto
- Gesneden Soppressata
- Gesneden mortadella
- Gemarineerde artisjokharten
- Gemarineerde geroosterde rode paprika
- Zongedroogde tomaten
- Bocconcini (kleine mozzarellabolletjes)
- Broodstengels
- Grissini (broodstengels gewikkeld in prosciutto)
- Parmezaanse kaasschaafsel
- Balsamicoglazuur (om te besprenkelen)

INSTRUCTIES:
a) Schik een schaal of bord.
b) Leg het gesneden vlees op de schaal en rol het indien gewenst op.
c) Voeg gemarineerde artisjokharten, geroosterde rode paprika en zongedroogde tomaten toe aan de schaal.
d) Leg bocconcini en broodstengels op de schaal.
e) Strooi Parmezaanse kaasschaafsel over de schaal.
f) Giet het balsamicoglazuur over de ingrediënten.
g) Serveer en geniet!

4. Aziatisch geïnspireerde charcuterieschotel

INGREDIËNTEN:
- Gesneden gebraden varkensvlees of Chinees barbecuevarkensvlees
- Gesneden gebraden eend
- Snij hem in stukken
- Worsten op Aziatische wijze
- Sojasaus
- Hoisinsaus
- Ingelegde groenten (wortels, daikon en komkommers)
- Gestoomde broodjes of slablaadjes
- Sriracha of chilisaus (optioneel)

INSTRUCTIES:
a) Zet een bord of dienblad neer.
b) Leg het gesneden vlees op het bord.
c) Serveer sojasaus en hoisinsaus in kleine kommetjes om te dippen.
d) Schik de ingelegde groenten op het bord.
e) Serveer gestoomde broodjes of slablaadjes apart.
f) Voeg eventueel Sriracha- of chilisaus toe voor extra pit.
g) Serveer en geniet!

5. Frans geïnspireerde charcuterie

INGREDIËNTEN:
- Diverse soorten vleeswaren (zoals saucisson, jambon de Bayonne, paté of rillettes)
- Franse kazen (zoals Brie, Camembert, Roquefort of Comté)
- Stokbrood of stokbrood
- Cornichons (kleine augurken)
- Dijon mosterd
- Olijven (zoals Niçoise of Picholine)
- Druiven of gesneden vijgen
- Walnoten of amandelen
- Verse kruiden (zoals peterselie of tijm) ter garnering

INSTRUCTIES:
a) Kies een grote houten plank of schaal om uw Frans geïnspireerde charcuterie op te zetten.
b) Begin met het schikken van het gezouten vlees op het bord. Rol of vouw ze en plaats ze in een aantrekkelijk patroon.
c) Snijd de Franse kaas in plakjes of partjes en schik ze naast het gezouten vlees.
d) Voeg een stapel stokbrood of stokbrood toe aan het bord, een klassieke aanvulling op het vlees en de kazen.
e) Plaats een klein kommetje Dijon-mosterd op het bord om in te dippen of op het brood te smeren.
f) Voeg een kom cornichons toe, dit zijn traditionele Franse augurken, als aanvulling op de smaken van de charcuterie.
g) Verdeel een verscheidenheid aan olijven over het bord en vul eventuele resterende gaten op.

h) Plaats trossen verse druiven of gesneden vijgen rond het bord en voeg een vleugje zoetheid toe.
i) Strooi walnoten of amandelen over het hele bord voor extra textuur en smaak.
j) Garneer het bord met verse kruiden voor een finishing touch.
k) Serveer het Frans geïnspireerde charcuteriebord als aperitief of middelpunt tijdens uw bijeenkomst, zodat gasten kunnen genieten van de heerlijke combinatie van smaken en texturen.

6. Wanderlust Kaasplankje

INGREDIËNTEN:

Diverse kazen uit verschillende regio's (zoals Franse Brie, Italiaanse Parmezaanse kaas, Spaanse Manchego of Zwitserse Gruyère)
Diverse soorten vleeswaren (zoals prosciutto, salami of chorizo)
Diverse soorten brood en crackers
Gedroogd fruit (zoals vijgen, abrikozen of dadels)
Noten (zoals amandelen, walnoten of cashewnoten)
Olijven of gemarineerde groenten
Honing of fruitconserven om te besprenkelen
Verse kruiden ter garnering

INSTRUCTIES:

Schik de diverse kazen op een kaasplank of schaal en groepeer ze per regio.
Leg de diverse vleeswaren naast de kazen.
Voeg een verscheidenheid aan brood en crackers toe aan het bord, waar de gasten van kunnen genieten bij de kazen en het vlees.
Strooi gedroogde vruchten en noten over het bord voor extra textuur en smaak.
Voeg olijven of gemarineerde groenten toe voor een pittig en zilt element.
Sprenkel honing of lepel fruitconserven over de kazen voor een vleugje zoetheid.
Garneer met verse kruiden voor extra frisheid en visuele aantrekkingskracht.
Serveer en geniet!

7. Zomercharcuterie Snackplank

INGREDIËNTEN:
- Diverse gesneden vruchten (zoals watermeloen, meloen of ananas)
- Diverse gesneden groenten (zoals komkommer, paprika of kerstomaatjes)
- Verse bessen (zoals aardbeien, bosbessen of frambozen)
- Diverse kaasblokjes of plakjes
- Diverse crackers of broodstengels
- Hummus of groentedip
- Diverse noten of trailmix
- Verse kruiden ter garnering

INSTRUCTIES:
a) Schik de diverse gesneden vruchten op een grote serveerplank of schaal.
b) Leg gesneden groenten en verse bessen naast het fruit.
c) Voeg diverse kaasblokjes of plakjes toe aan het bord voor een hartig element.
d) Zorg voor een verscheidenheid aan crackers of soepstengels waar de gasten van kunnen genieten bij het fruit en de kazen.
e) Serveer hummus of groentedip in kleine schaaltjes om de groenten in te dippen.
f) Strooi diverse noten of een trailmix over het bord voor extra knapperigheid en smaak.
g) Garneer met verse kruiden voor extra frisheid en visuele aantrekkingskracht.
h) Serveer en geniet!

8. Antipasto Voorgerecht Kaasplankje

INGREDIËNTEN:
- Diverse soorten vleeswaren (zoals prosciutto, salami of capicola)
- Diverse kazen (zoals mozzarella, provolone of Asiago)
- Gemarineerde artisjokharten
- Gemarineerde olijven
- Geroosterde rode paprika
- Gegrilde of gemarineerde groenten (zoals courgette of aubergine)
- Geassorteerd brood of soepstengels
- Balsamicoglazuur of reductie voor motregen
- Verse basilicum of peterselie ter garnering

INSTRUCTIES:
a) Schik de diverse soorten gezouten vlees op een grote serveerplank of schaal.
b) Leg de diverse kazen naast het vlees.
c) Voeg gemarineerde artisjokharten, gemarineerde olijven en geroosterde rode paprika's toe aan het bord.
d) Voeg gegrilde of gemarineerde groenten toe voor extra smaak en variatie.
e) Zorg voor een assortiment brood of soepstengels waar de gasten van kunnen genieten bij het vlees en de kazen.
f) Besprenkel balsamicoglazuur of reductie over de ingrediënten voor een pittige en zoete toets.
g) Garneer met verse basilicum of peterselie voor extra frisheid en visuele aantrekkingskracht.
h) Serveer en geniet!

9. Ahorncrème en appelgebakken briebord

INGREDIËNTEN:
Brie-kaaswiel
Ahorncrème of ahornsiroop
Gesneden appels
Diverse crackers of brood
Noten (zoals pecannoten of walnoten)
Verse rozemarijntakjes ter garnering

INSTRUCTIES:
Verwarm uw oven voor op 175°C.
Plaats het Brie-kaaswiel op een bakplaat bekleed met bakpapier.
Sprenkel de ahornroom of ahornsiroop over de Brie-kaas.
Bak in de voorverwarmde oven gedurende ongeveer 10-12 minuten, of tot de kaas zacht en kleverig is.
Haal het uit de oven en laat het iets afkoelen.
Schik de gesneden appels rond de gebakken Brie op een serveerplank of schaal.
Voeg diverse crackers of brood toe waar de gasten van kunnen genieten met de kaas en appels.
Strooi de noten over het bord voor extra knapperigheid en smaak.
Garneer met verse takjes rozemarijn voor extra frisheid en visuele aantrekkingskracht.
Serveer en geniet!

10 Herfstcharcuteriebord met honingbrie, vijgen en rozemarijn

INGREDIËNTEN:
Zwarte peper-honingbrie
Verse vijgen
Verse rozemarijn takjes
Diverse crackers en brood
Prosciutto of ander gezouten vlees
Gemengde noten (zoals walnoten of pecannoten)
Honing om te besprenkelen

INSTRUCTIES:
Schik de zwarte peper-honingbrie in het midden van het bord.
Leg de verse vijgen rond de kaas.
Strooi verse takjes rozemarijn op het bord ter garnering.
Schik de crackers en het brood rond de kaas en vijgen.
Rol de prosciutto of ander gezouten vlees op en plaats ze op het bord.
Voeg gemengde noten toe aan het bord voor extra crunch en smaak.
Druppel honing over de vijgen en kaas.
Serveer en geniet!

11.Saladebord met prosciutto en vijgen

INGREDIËNTEN:
Gemengde groene salades
Verse vijgen, in plakjes gesneden
Prosciutto, in dunne plakjes gesneden
Geitenkaas of blauwe kaas, verkruimeld
Gekonfijte walnoten of pecannoten
Balsamicoglazuur of balsamicoreductie

INSTRUCTIES:
Schik de gemengde saladegroenten op een grote serveerplank of schaal.
Verdeel de gesneden verse vijgen over de greens.
Leg de dun gesneden prosciutto over de vijgen en groenten.
Strooi verkruimelde geitenkaas of blauwe kaas over de salade.
Strooi er gekonfijte walnoten of pecannoten over.
Sprenkel balsamicoglazuur of balsamicoreductie over de salade.
Serveer en geniet!

12 Fruitig bord

INGREDIËNTEN:

Geassorteerd vers fruit (eik, druiven, bessen, meloen, ananas, enz.)
Gedroogd fruit (eik, abrikozen, dadels, vijgen, enz.)
Diverse noten (eik, amandelen, cashewnoten, pistachenoten, enz.)
Honing- of fruitdip om te serveren

INSTRUCTIES:

Was het verse fruit en bereid het voor, snijd groter fruit in hapklare stukjes.
Schik het verse fruit op een grote serveerplank of schaal.
Plaats kleine kommen of schaaltjes op het bord om de gedroogde vruchten en noten in te bewaren.
Vul de kommen met gedroogd fruit en noten, zodat er aparte clusters ontstaan.
Druppel honing over het verse fruit of serveer het in een klein schaaltje ernaast.
Serveer en geniet!

13 Ultieme kaasplank met geroosterde druiven

INGREDIËNTEN:
- Diverse kazen (zoals Brie, Cheddar, Gouda, blauwe kaas, etc.)
- Geroosterde druiven (zie instructies hieronder)
- Diverse crackers en brood
- Noten (zoals amandelen, walnoten of pecannoten)
- Honing- of fruitconserven om te serveren

INSTRUCTIES:

VOOR GEROOSTERDE DRUIVEN:
a) Verwarm uw oven voor op 200°C.
b) Leg een bosje pitloze druiven op een bakplaat bekleed met bakpapier.
c) Besprenkel de druiven met een beetje olijfolie en bestrooi met zout.
d) Rooster de druiven ongeveer 15-20 minuten in de voorverwarmde oven, of tot ze licht gerimpeld en gekarameliseerd zijn.
e) Haal de druiven uit de oven en laat ze afkoelen voordat je ze aan het kaasplateau toevoegt.

VOOR HET KAASBORD:
f) Schik de diverse kazen op een kaasplank of schaal.
g) Leg de geroosterde druiven naast de kazen.
h) Voeg crackers en brood toe aan het bord en zorg voor een verscheidenheid aan texturen en smaken.
i) Strooi noten rond de kazen voor extra knapperigheid.
j) Serveer honing of fruitconserven in kleine schaaltjes zodat de gasten de kaas erover kunnen sprenkelen.
k) Serveer en geniet!

14. Spaanse Tapasplank

INGREDIËNTEN:

Gesneden vleeswaren (zoals chorizo, serranoham of salami)
Manchegokaas, in plakjes gesneden
Gemarineerde olijven
Gemarineerde artisjokharten
Geroosterde rode paprika
Spaanse tortilla (aardappel- en ei-omelet, in kleine stukjes gesneden)
Sneetjes brood of stokbrood
Tomaten- en knoflookspread (zoals tomatenbruschetta-topping)
Spaanse amandelen of andere noten

INSTRUCTIES:

Schik het gesneden gezouten vlees op een grote serveerplank of schaal.
Leg de gesneden Manchego-kaas naast het vlees.
Schik de gemarineerde olijven, gemarineerde artisjokharten en geroosterde rode paprika's in aparte clusters op het bord.
Leg de gesneden Spaanse tortilla op het bord.
Leg de sneetjes brood of stokbrood naast de overige ingrediënten.
Serveer de tomaten-knoflookpasta in een schaaltje naast het bord.
Strooi Spaanse amandelen of andere noten over het bord voor extra crunch.
Serveer en geniet!

15 Presidentiële kaasplank

INGREDIËNTEN:

Diverse kazen (zoals oude cheddar, gruyère, geitenkaas, enz.)
Gesneden gezouten vlees (zoals prosciutto, salami of coppa)
Crackers en broodstengels
Vers en gedroogd fruit (zoals druiven, gesneden appels, gedroogde abrikozen, etc.)
Diverse noten (zoals amandelen, pecannoten of hazelnoten)
Chutney of fruitconserven om te serveren

INSTRUCTIES:

Schik de diverse kazen op een kaasplank of schaal.
Leg het gesneden vlees naast de kazen.
Voeg crackers en soepstengels toe aan het bord en zorg voor een verscheidenheid aan vormen en smaken.
Schik vers en gedroogd fruit rond de kazen en vleeswaren.
Verdeel verschillende noten over het bord voor extra textuur.
Serveer chutney of fruitconserven in kleine schaaltjes waar de gasten van kunnen genieten met de kaas.
Serveer en geniet!

16.Brunchbord

INGREDIËNTEN:
Diverse bagels of croissants
Gerookte zalm of lox
Roomkaas
Gesneden tomaten en komkommers
Gesneden rode uien
Kappertjes
Verse dille
Vers fruit (zoals bessen, meloen of druiven)
Yoghurt of honing om erbij te serveren

INSTRUCTIES:
Schik de diverse bagels of croissants op een grote serveerplank of schaal.
Smeer roomkaas op de bagels of croissants.
Leg gerookte zalm of lox op de roomkaas.
Leg de gesneden tomaten, komkommers en rode uien op het bord.
Strooi kappertjes en verse dille over de zalm.
Voeg vers fruit toe aan het bord voor een verfrissend element.
Serveer yoghurt of honing in kleine schaaltjes waar de gasten van kunnen genieten met het fruit.
Serveer en geniet!

17 Vlees- en Kaasschotel

INGREDIËNTEN:
- Diverse soorten vleeswaren (zoals prosciutto, salami, pepperoni of ham)
- Diverse kazen (zoals Cheddar, Zwitsers, Provolone of Pepper Jack)
- Diverse augurken en/of olijven
- Mosterd of honingmosterd om te dippen
- Gesneden brood of crackers

INSTRUCTIES:
a) Schik de diverse soorten gezouten vlees op een grote serveerplank of schaal.
b) Leg de diverse kazen naast het vlees.
c) Voeg diverse augurken en/of olijven toe aan het bord.
d) Serveer mosterd of honingmosterd in een schaaltje om te dippen.
e) Zorg voor gesneden brood of crackers waar de gasten van kunnen genieten bij het vlees en de kazen.
f) Serveer en geniet!

18.Kaas- en Charcuterieplank

INGREDIËNTEN:

Diverse kazen (zoals Gouda, Brie, geitenkaas of blauwe kaas)
Diverse soorten vleeswaren (zoals prosciutto, salami of chorizo)
Diverse soorten fruit (zoals druiven, gesneden appels of peren)
Diverse noten (zoals amandelen, cashewnoten of walnoten)
Crackers en broodstengels
Honing- of fruitconserven om te serveren

INSTRUCTIES:

Schik de diverse kazen op een kaasplank of schaal.
Leg de diverse vleeswaren naast de kazen.
Voeg diverse soorten fruit toe aan het bord voor een fris en zoet element.
Verdeel verschillende noten over het bord voor extra textuur.
Schik crackers en broodstengels in aparte clusters.
Serveer honing of fruitconserven in kleine schaaltjes waar de gasten van kunnen genieten met de kaas.
Serveer en geniet!

19.Winterkaasplankie

INGREDIËNTEN:

Diverse kazen (zoals Brie, oude Gouda, blauwe kaas of Camembert)
Geroosterde noten (zoals pecannoten, walnoten of hazelnoten)
Gedroogd fruit (zoals veenbessen, abrikozen of vijgen)
Gesneden peren of appels
Honing of fruitconserven om te besprenkelen
Crackers en brood

INSTRUCTIES:

Schik de diverse kazen op een kaasplank of schaal.
Strooi geroosterde noten over de kazen.
Plaats gedroogd fruit rond de kazen voor een zoet en taai element.
Voeg gesneden peren of appels toe aan het bord.
Sprenkel honing of lepel fruitconserven over de kaas en het fruit.
Schik crackers en brood naast de andere ingrediënten.
Serveer en geniet!

20.Zoet-zoute Fruicuterieplank

INGREDIËNTEN:

Geassorteerd vers fruit (zoals aardbeien, ananas, kiwi of mango)
Diverse soorten vleeswaren (zoals prosciutto, ham of kalkoen)
Diverse kazen (zoals Gouda, Cheddar of Havarti)
Diverse noten (zoals amandelen, cashewnoten of pistachenoten)
Donkere chocolade of met chocolade bedekt fruit
Honing of ahornsiroop om te besprenkelen

INSTRUCTIES:

Schik het diverse verse fruit op een grote serveerplank of schaal.
Leg het gezouten vlees over de vruchten.
Plaats de diverse kazen naast het fruit en het vlees.
Verdeel diverse noten over het bord voor extra crunch.
Voeg pure chocolade of met chocolade bedekt fruit toe voor een zoete verwennerij.
Sprenkel honing of ahornsiroop over het fruit en de kaas.
Serveer en geniet!

21. Spaans geïnspireerde kaasplank

INGREDIËNTEN:
Manchegokaas, in plakjes gesneden
Gesneden Spaanse chorizo of salami
Gemarineerde olijven
Marcona-amandelen
Geroosterde rode paprika
Sneetjes brood of stokbrood
Tomaten- en knoflookspread

INSTRUCTIES:
Schik de gesneden Manchego-kaas op een grote serveerplank of schaal.
Leg de gesneden Spaanse chorizo of salami naast de kaas.
Schik de gemarineerde olijven en Marcona-amandelen in aparte clusters op het bord.
Voeg geroosterde rode paprika's toe aan het bord voor een levendig en smaakvol element.
Leg de sneetjes brood of stokbrood naast de overige ingrediënten.
Serveer de tomaten-knoflookpasta in een schaaltje naast het bord.
Serveer en geniet!

22 Charcuterieplank Flatbread

INGREDIËNTEN:
In de winkel gekocht platbrood of pizzadeeg
Olijfolie
Diverse soorten vleeswaren (zoals prosciutto, salami of coppa)
Diverse kazen (zoals mozzarella, gorgonzola of fontina)
Gesneden groenten (zoals paprika, rode uien of kerstomaatjes)
Verse kruiden (zoals basilicum of rucola)

INSTRUCTIES:
Verwarm uw oven voor op de temperatuur die wordt aanbevolen op de verpakking van platbrood of pizzadeeg.
Rol het flatbread uit of rek het pizzadeeg uit tot de gewenste dikte.
Bestrijk het flatbread- of pizzadeeg met olijfolie.
Leg de diverse gezouten vleeswaren en kazen op het flatbread- of pizzadeeg.
Voeg gesneden groenten toe bovenop het vlees en de kaas.
Bak het flatbread of de pizza volgens de instructies op de verpakking tot de korst goudbruin is en de kaas is gesmolten.
Haal het uit de oven en strooi er verse kruiden over.
Snijd het flatbread of de pizza indien gewenst in kleinere stukjes.
Serveer en geniet!

23.Charcuteriebord met spek-uienjam

INGREDIËNTEN:
- Diverse soorten vleeswaren (zoals prosciutto, salami of soppressata)
- Diverse kazen (zoals Brie, Camembert of geitenkaas)
- Crackers en brood
- Bacon-uienjam (zie onderstaande instructies)
- Verse kruiden ter garnering

INSTRUCTIES:
VOOR DE BACON-UIENJAM:
a) Bak meerdere plakjes spek in een koekenpan tot ze knapperig zijn.
b) Haal het spek uit de pan en zet het opzij om af te koelen.
c) Fruit in dezelfde koekenpan de gesneden uien tot ze gekarameliseerd en goudbruin zijn.
d) Snijd het gekookte spek in kleine stukjes.
e) Combineer het gehakte spek met de gekarameliseerde uien en meng goed.
f) Laat de spek-uienjam afkoelen voordat je hem op de charcuterieplank gebruikt.

VOOR DE CHARCUTERIEBORD :
g) Schik de diverse soorten gezouten vlees op een grote serveerplank of schaal.
h) Leg de diverse kazen naast het vlees.
i) Voeg crackers en brood toe aan het bord en zorg voor een verscheidenheid aan texturen en smaken.
j) Schep klodders spek-uienjam op het bord.
k) Garneer met verse kruiden voor extra frisheid en visuele aantrekkingskracht.
l) Serveer en geniet!

24 Butternut Squash Cheeseball en Kaasplankje

INGREDIËNTEN:
VOOR BUTTERNUT SQUASH CHESEBAL

- 8 ons roomkaas, verzacht
- 1 kopje geraspte cheddarkaas
- 1/2 kop gekookte en gepureerde pompoen
- 1/4 kop gehakte pecannoten of walnoten
- 2 eetlepels gehakte verse kruiden (zoals peterselie of bieslook)
- Zout en peper naar smaak
- Diverse crackers en soepstengels om te serveren

INSTRUCTIES:
VOOR DE BUTTERNUT SQUASH CHESEBAL:

a) Meng in een mengkom zachte roomkaas, geraspte cheddarkaas en gepureerde pompoen.

b) Roer de gehakte pecannoten of walnoten, gehakte verse kruiden, zout en peper erdoor.

c) Vorm het mengsel tot een bal en zet het minimaal 1 uur in de koelkast om op te stijven.

d) Eenmaal gekoeld plaats je de cheeseball op het charcuteriebord.

VOOR HET KAASPLANK:

e) Schik de cheeseball op het charcuteriebord als middelpunt.

f) Omring de kaasbal met diverse soorten vleeswaren, zoals prosciutto of salami.

g) Voeg een verscheidenheid aan kazen toe aan het bord, zoals Goudse, Brie of blauwe kaas.

h) Plaats diverse crackers en soepstengels naast het vlees en de kazen.

i) Voeg vers fruit toe, zoals druiven of gesneden appels, voor een vleugje frisheid.
j) Serveer en geniet!

25. Dinerwaardige charcuterieplank

INGREDIËNTEN:
Geassorteerd gekookt vlees (zoals geroosterde kip, gesneden rosbief of gegrilde worstjes)
Diverse kazen (zoals Gruyère, Fontina of oude cheddar)
Geroosterde groenten (zoals spruitjes, wortelen of zoete aardappelen)
Dips of smeersels (zoals hummus, aioli of geroosterde knoflookpasta)
Sneetjes brood of stokbrood
Diverse olijven en augurken
Verse kruiden ter garnering

INSTRUCTIES:
Schik de diverse gekookte vleeswaren op een grote serveerplank of schaal.
Leg de diverse kazen naast het vlees.
Voeg geroosterde groenten toe aan het bord voor een stevig en smaakvol element.
Serveer dips of smeersels in kleine gerechten waar de gasten van kunnen genieten bij het vlees en de kazen.
Zorg voor sneetjes brood of stokbrood zodat de gasten sandwiches of crostini kunnen maken.
Verdeel diverse olijven en augurken over het bord voor extra smaak.
Garneer met verse kruiden voor extra frisheid en visuele aantrekkingskracht.
Serveer en geniet!

26. De lichtere kaasplank

INGREDIËNTEN:
Diverse lichte of magere kazen (zoals lichte Zwitserse, lichte feta of lichte mozzarella)
Verse groenten (zoals kerstomaatjes, plakjes komkommer of worteltjes)
Lichte of magere dips of smeersels (zoals Griekse yoghurtdip of hummus)
Volkoren crackers of knäckebröd
Vers fruit (zoals druiven of gesneden aardbeien)
Noten (zoals amandelen of pistachenoten)

INSTRUCTIES:
Schik de diverse lichte kazen op een kaasplank of schaal.
Leg verse groenten, zoals kerstomaatjes en plakjes komkommer, rond de kazen.
Serveer lichte of magere dips of spreads in kleine schaaltjes naast de groenten.
Voeg volkoren crackers of knäckebröd toe aan het bord voor een gezondere optie.
Strooi vers fruit, zoals druiven of gesneden aardbeien, voor een vleugje zoetheid.
Voeg noten toe aan het bord voor extra textuur en smaak.
Serveer en geniet!

27. Kaasfonduebord

INGREDIËNTEN:
VOOR DE KAASFONDUE:
- Diverse kazen voor fondue (zoals Gruyère, Emmentaler of Fontina)
- Witte wijn of groentebouillon
- Knoflook, gehakt
- Maïzena of meel
- Diverse dippers (zoals broodblokjes, geblancheerde groenten of appelschijfjes)

INSTRUCTIES
VOOR DE KAASFONDUE:
a) Rasp de diverse kazen en zet opzij.
b) Verhit witte wijn of groentebouillon in een fonduepan of steelpan op middelhoog vuur.
c) Voeg gehakte knoflook toe en laat een minuut koken.
d) Voeg geleidelijk de geraspte kazen toe, onder voortdurend roeren, tot ze gesmolten en glad zijn.
e) Meng in een aparte kom maizena of bloem met een beetje water tot een papje.
f) Voeg de brij toe aan het kaasmengsel en roer tot het dik is.
g) Doe de kaasfondue in een fonduepan of houd hem op laag vuur warm.
h) Serveer met diverse dippers.

VOOR HET KAASFONDUEBORD:
i) Zet de kaasfonduepan of -pan in het midden van een grote serveerplank.
j) Schik de diverse dippers, zoals broodblokjes, geblancheerde groenten of appelschijfjes, rond de pot.

k) Zorg voor fonduevorken of -spiesjes zodat de gasten hun dippers in de kaasfondue kunnen dopen.
l) Serveer en geniet!

28. Het ultieme Burrata-kaasplankje

INGREDIËNTEN:
Burrata-kaas
Verse tomaten, in plakjes gesneden
Verse basilicumblaadjes
Prosciutto of gesneden vleeswaren
Gemarineerde olijven
Gegrilde of geroosterde groenten
Geassorteerd brood of soepstengels

INSTRUCTIES:
Schik de burrata-kaas in het midden van een grote serveerplank of schaal.
Omring de burrata met verse plakjes tomaat en basilicumblaadjes.
Plaats prosciutto of gesneden vleeswaren naast de kaas en tomaten.
Voeg gemarineerde olijven toe aan het bord voor een zilte en pittige smaak.
Voeg gegrilde of geroosterde groenten toe, zoals courgette of paprika, voor een verkoold en rokerig element.
Serveer diverse soorten brood of soepstengels om van te genieten met de kaas en andere ingrediënten.
Serveer en geniet!

29.Voorgerechtschotel met Gerookte Zalm

INGREDIËNTEN:
Plakjes gerookte zalm
Roomkaas of gekruide roomkaaspasta
Dun gesneden rode uien
Kappertjes
Citroen partjes
Geassorteerde crackers of stokbroodplakken
Verse dille voor garnering

INSTRUCTIES:
Schik de plakjes gerookte zalm op een grote serveerschaal.
Leg klodders roomkaas of gekruide roomkaaspasta naast de zalm.
Verdeel de dun gesneden rode uien en kappertjes over de zalm en roomkaas.
Knijp partjes citroen over de zalm voor extra helderheid.
Voeg diverse crackers of stokbroodplakken toe waar de gasten van kunnen genieten bij de zalm.
Garneer met verse dilletakjes voor een vleugje kleur en smaak.
Serveer en geniet!

30.Mediterraanse mezzeschotel

INGREDIËNTEN:
Hummus
Tzatziki-saus
Falafel
Druivenbladeren
Kalamata-olijven
Fetakaas, in blokjes
Cherry-tomaten
Komkommer plakjes
Pitabroodje of pitabroodjes

INSTRUCTIES:
Schik de hummus en de tzatziki-saus in aparte kommen op een grote serveerschaal.
Leg de falafel en druivenbladeren naast de dipsauzen.
Verdeel de Kalamata-olijven en de in blokjes gesneden fetakaas over de schaal.
Voeg kerstomaatjes en plakjes komkommer toe voor frisheid en knapperigheid.
Serveer pitabroodje of pitabroodjes om te dippen en te scheppen.
Serveer en geniet!

31 Charcuteriebord uit het Midwesten

INGREDIËNTEN:
Diverse kazen (zoals Colby, Pepper Jack of Swiss)
Gesneden zomerworst of rundvleessticks
Diverse augurken (zoals brood- en boter-augurken of dille-augurken)
Mosterd of pikante mosterd om te dippen
Crackers of pretzels

INSTRUCTIES:
Schik de diverse kazen op een kaasplank of schaal.
Leg gesneden zomerworst of rundvleessticks naast de kazen.
Voeg diverse augurken toe aan het bord voor een pittig en knapperig element.
Serveer mosterd of pittige mosterd in een schaaltje om te dippen.
Zorg voor crackers of pretzels waar de gasten van kunnen genieten bij het vlees en de kazen.
Serveer en geniet!

32. Het ultieme ontbijtbord

INGREDIËNTEN:

Hardgekookte eieren, in plakjes gesneden
Gerookte zalm of lox
Gesneden ham of spek
Diverse kazen (zoals cheddar, Gouda of geitenkaas)
Gesneden tomaten en komkommers
Geassorteerd vers fruit
Yoghurt- of fruitdip
Diverse soorten brood of bagels

INSTRUCTIES:

Schik de gesneden hardgekookte eieren op een grote serveerplank of schaal.
Leg de gerookte zalm of lox naast de eieren.
Voeg gesneden ham of spek toe aan het bord voor een hartige toets.
Verdeel diverse kazen over het bord voor afwisseling.
Plaats gesneden tomaten en komkommers voor versheid en knapperigheid.
Voeg vers fruit toe aan het bord voor een zoet en verfrissend element.
Serveer yoghurt of fruitdip in kleine schaaltjes waar de gasten van kunnen genieten met het fruit.
Serveer diverse soorten brood of bagels zodat de gasten ontbijtsandwiches of toastjes kunnen maken.
Serveer en geniet!

33 Lente kaasplankje

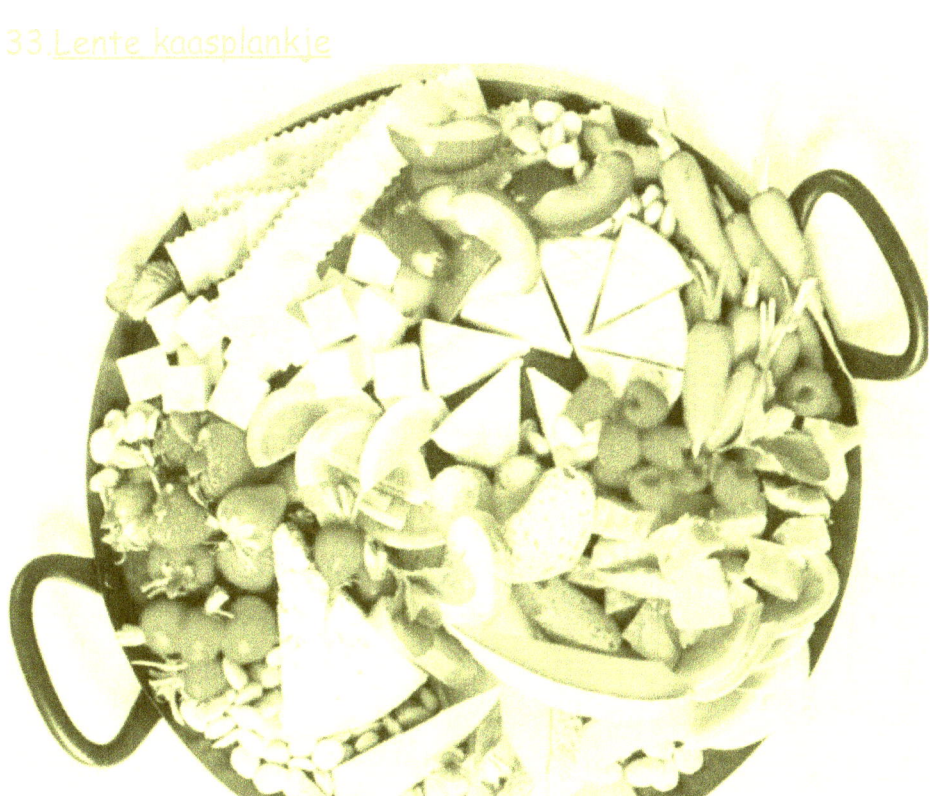

INGREDIËNTEN:

Diverse verse kazen (zoals geitenkaas, Boursin of Camembert)
Verse aardbeien, gehalveerd
Verse asperges, geblancheerd
Radijsjes, in dunne plakjes gesneden
Lenteerwten of suikererwten
Honing of fruitconserven om te besprenkelen
Crackers of sneetjes stokbrood

INSTRUCTIES:

Schik de diverse verse kazen op een kaasplank of schaal.
Leg de gehalveerde aardbeien naast de kazen.
Voeg geblancheerde asperges en in dunne plakjes gesneden radijsjes toe aan het bord.
Strooi lenteerwten of sugar snaps voor een vleugje kleur en frisheid.
Sprenkel honing of lepel fruitconserven over de kaas en het fruit.
Serveer crackers of plakjes stokbrood waar de gasten van kunnen genieten met de kaas en andere ingrediënten.
Serveer en geniet!

34. Veganistisch Charcuteriebord

INGREDIËNTEN:

Diverse veganistische kazen (zoals cashewkaas, amandelkaas of kokoskaas)
Diverse vegan delicatessen of plantaardig vlees
Hummus of veganistische dip
Diverse rauwe groenten (zoals wortelstokjes, plakjes paprika of kerstomaatjes)
Olijven of gemarineerde groenten
Diverse crackers of rijstwafels

INSTRUCTIES:

Schik de diverse vegan kazen op een kaasplank of schaal.
Leg veganistische delicatessen of plantaardig vlees naast de kazen.
Voeg hummus of vegan dip toe aan het bord voor een romig element.
Schik rauwe groenten, zoals wortelstokjes, plakjes paprika of kerstomaatjes, rond het bord.
Strooi olijven of gemarineerde groenten voor extra smaak.
Zorg voor diverse crackers of rijstwafels waar de gasten van kunnen genieten met de veganistische kazen en andere ingrediënten.
Serveer en geniet!

35.Chocolade Charcuterie Bord

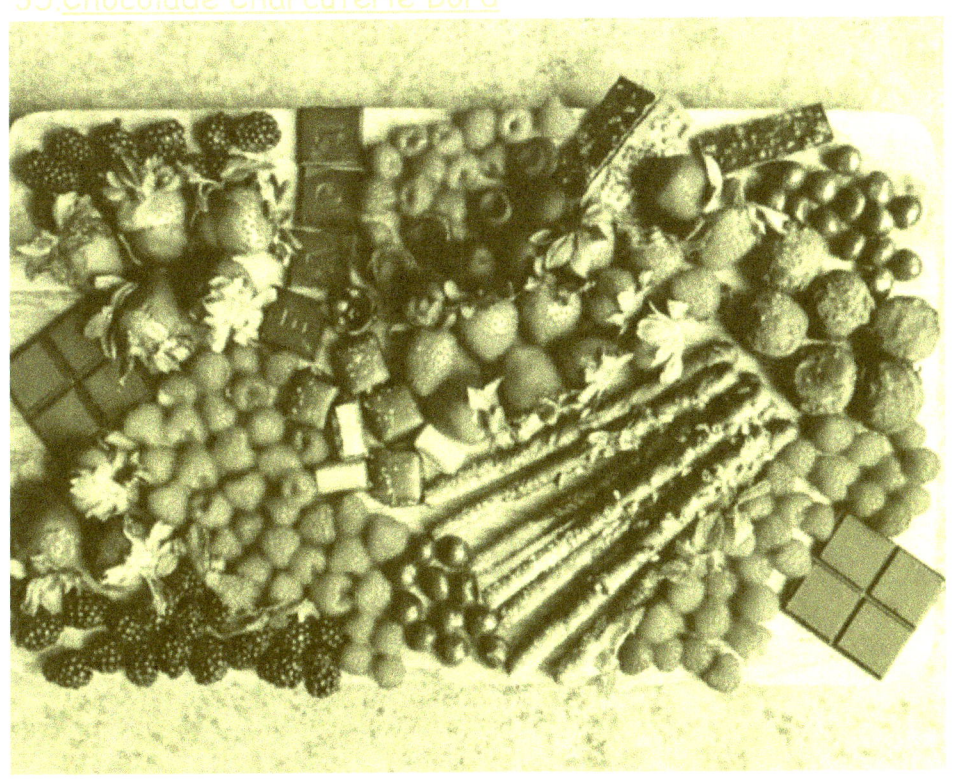

INGREDIËNTEN:

Diverse chocolaatjes (zoals pure chocolade, melkchocolade of witte chocolade)
Met chocolade bedekt fruit (zoals aardbeien, plakjes banaan of gedroogde abrikozen)
Chocoladetruffels of bonbons
Diverse noten (zoals amandelen, hazelnoten of pistachenoten)
Zoutjes of biscotti
Vers fruit (zoals druiven of frambozen)
Karamel- of chocoladesaus om te besprenkelen

INSTRUCTIES:

Schik de diverse chocolaatjes op een grote serveerplank of schaal.
Plaats het met chocolade bedekte fruit naast de chocolaatjes.
Voeg chocoladetruffels of bonbons toe aan het bord voor een luxe verwennerij.
Verdeel diverse noten over het bord voor extra textuur en smaak.
Zorg voor pretzels of biscotti zodat de gasten in de chocolaatjes kunnen dippen of er zelf van kunnen genieten.
Voeg vers fruit toe, zoals druiven of frambozen, voor een verfrissend element.
Giet karamel- of chocoladesaus over de chocolaatjes en het fruit.
Serveer en geniet!

36. Snoepland "Jarcuterie"

INGREDIËNTEN:

Diverse snoepjes (zoals gummibeertjes, zoethout, M&M's of jelly Beans)
Met chocolade bedekte pretzels of popcorn
Mini-marshmallows
Diverse koekjes of wafelstokjes
Hagelslag of eetbare glitters
Kleine potjes of bakjes om te serveren

INSTRUCTIES:

Vul elk potje of bakje met een ander soort snoep.
Plaats de gevulde potten of containers op een grote serveerplank of schaal.
Voeg met chocolade bedekte pretzels of popcorn toe aan het bord voor een zoete en zoute combinatie.
Verdeel mini-marshmallows rond de potten voor extra textuur.
Zorg voor diverse koekjes of wafelstokjes zodat de gasten in het snoep kunnen dippen of er zelf van kunnen genieten.
Bestrooi het bord met kleurrijke hagelslag of eetbare glitters voor een feestelijk tintje.
Serveer en geniet!

37.Dessertbord met cranberry-chocoladetruffels

INGREDIËNTEN:
VOOR DE CRANBERRY CHOCOLADE TRUFFELS:
- 8 ons pure chocolade, gehakt
- 1/2 kopje gedroogde veenbessen
- 1/4 kop zware room
- Cacaopoeder of poedersuiker om te rollen

INSTRUCTIES:
VOOR CRANBERRY CHOCOLADE TRUFFELS:
a) Doe de gehakte pure chocolade in een hittebestendige kom.
b) Verwarm de slagroom in een pan op middelhoog vuur tot deze begint te koken.
c) Giet de hete room over de gehakte pure chocolade en laat dit een minuutje staan.
d) Roer het mengsel totdat de chocolade volledig gesmolten en glad is.
e) Voeg gedroogde veenbessen toe aan het chocolademengsel en roer tot alles goed gemengd is.
f) Dek de kom af en zet het mengsel minimaal 2 uur in de koelkast, of tot het stevig is.
g) Eenmaal gekoeld gebruik je een lepel of een klein schepje om het truffelmengsel in porties te verdelen.
h) Rol elke portie tot een bal en rol het vervolgens door cacaopoeder of poedersuiker om het te bedekken.
i) Leg de truffels op een met bakpapier beklede bakplaat en zet ze in de koelkast tot ze klaar zijn om te serveren.
VOOR DE DESSERTBORD:
j) Schik de cranberry-chocoladetruffels op een grote serveerplank of schaal.

k) Voeg andere diverse desserts, zoals minikoekjes, met chocolade bedekt fruit of minicupcakes, toe aan het bord.
l) Zorg voor kleine bordjes of servetten zodat de gasten van de desserts kunnen genieten.
m) Serveer en geniet!

38.Ontbijt Charcuterie Bord

INGREDIËNTEN:
Gesneden spek of ontbijtworstjes
Roerei
Minipannenkoekjes of wafels
Gesneden vers fruit (zoals bessen, bananen of sinaasappels)
Yoghurt of honing
Diverse ontbijtgebakjes (zoals croissants of muffins)
Ahornsiroop of fruitconserven om te dippen
Verse kruiden ter garnering

INSTRUCTIES:
Kook de spekjes of ontbijtworstjes volgens de aanwijzingen op de verpakking.
Bereid roerei en houd ze warm.
Schik het gekookte spek of de worstjes op een grote serveerplank of schaal.
Leg de roerei en minipannenkoekjes of wafels naast het spek of de worstjes.
Voeg gesneden vers fruit en kleine kommen yoghurt of honing toe aan het bord.
Inclusief diverse ontbijtgebakjes voor variatie en zoetheid.
Serveer ahornsiroop of fruitconserven in kleine schaaltjes om te dippen.
Garneer met verse kruiden voor extra frisheid en visuele aantrekkingskracht.
Serveer en geniet!

39. S'Mores Charcuteriebord

INGREDIËNTEN:
Graham-crackers
Marshmallows
Chocoladerepen (zoals melkchocolade of pure chocolade)
Diverse smeersels (zoals pindakaas of Nutella)
Gesneden aardbeien of bananen (optioneel)
Geroosterde noten (zoals amandelen of pinda's)
Diverse koekjes (zoals zandkoekjes of chocoladekoekjes)
Spiesjes of stokjes voor het roosteren van marshmallows

INSTRUCTIES:
Schik de crackers, marshmallows en chocoladerepen van Graham op een grote serveerplank of schaal.
Plaats diverse smeersels, gesneden aardbeien of bananen en geroosterde noten naast de crackers, marshmallows en chocolade.
Voeg diverse koekjes toe aan het bord voor extra zoetheid en textuur.
Zorg voor spiesjes of stokjes zodat de gasten marshmallows kunnen roosteren.
Laat gasten hun eigen S'mores maken door geroosterde marshmallows, chocolade en spreads tussen de crackers van Graham te leggen.
Serveer en geniet!

40. Burger Charcuterie Bord

INGREDIËNTEN:
Diverse burgerpasteitjes (zoals rundvlees, kalkoen of vegetarisch)
Gesneden kaas (zoals cheddar, Swiss of Pepper Jack)
Diverse burgerbroodjes of slawraps
Gesneden tomaten, uien en augurken
Diverse kruiden (zoals ketchup, mosterd of mayonaise)
Diverse toppings (zoals spek, avocado of gekaramelliseerde uien)
Frieten of zoete frietjes
Dipsauzen (zoals ketchup, aioli of barbecuesaus)

INSTRUCTIES:
Kook de burgerpasteitjes naar eigen voorkeur (gegrild, gebakken of gebakken).
Leg de gekookte burgerpasteitjes en de gesneden kaas op een grote serveerplank of schaal.
Leg de burgerbroodjes of slawraps naast de pasteitjes en kaas.
Leg de gesneden tomaten, uien en augurken op het bord, zodat de gasten hun hamburgers kunnen personaliseren.
Zorg voor diverse kruiden en toppings die de gasten aan hun hamburgers kunnen toevoegen.
Serveer frietjes of zoete frietjes aan de zijkant van het bord.
Zorg voor dipsauzen voor de friet.
Serveer en geniet!

41. Frituur Charcuteriebord

INGREDIËNTEN:
Diverse soorten frietjes (zoals kleine frietjes, krullende frietjes of zoete frietjes)
Diverse dipsauzen (zoals ketchup, aioli, barbecuesaus of kaassaus)
Gesneden kaas (zoals cheddar of gruyère)
Krokant spek of spekblokjes
Gesneden jalapeños of ingelegde paprika's
Gekarameliseerde uien
Verse kruiden ter garnering

INSTRUCTIES:
Kook de frietjes volgens de instructies op de verpakking of maak ze helemaal zelf.
Schik de gekookte frietjes op een grote serveerplank of schaal.
Plaats diverse dipsauzen in kleine schaaltjes rond het bord.
Voeg gesneden kaas, knapperig spek of spekjes, gesneden jalapeños of ingelegde paprika's en gekarameliseerde uien toe aan het bord voor extra smaak en variatie.
Garneer met verse kruiden voor extra frisheid en visuele aantrekkingskracht.
Serveer en geniet!

42. Popcorn Movie Night Charcuteriebord

INGREDIËNTEN:

Diverse smaken popcorn (zoals beboterd, karamel of kaas)
Diverse popcornkruiden (zoals ranch-, barbecue- of kaneelsuiker)
Chocoladesnoepjes of met chocolade bedekte popcorn
Diverse noten (zoals pinda's, amandelen of cashewnoten)
Pretzels of mini-krakelingstokjes
Gedroogd fruit (zoals veenbessen of rozijnen)
Diverse bioscoopsnacks (zoals snoep, zoethout of gummibeertjes)

INSTRUCTIES:

Schik de verschillende smaken popcorn in aparte kommen op een grote serveerplank of schaal.
Plaats de diverse popcornkruiden naast de popcornkommen.
Voeg chocoladesnoepjes of met chocolade bedekte popcorn toe aan het bord voor een zoete traktatie.
Verdeel diverse noten, pretzels en gedroogd fruit over het bord voor extra knapperigheid en smaak.
Voeg diverse bioscoophapjes toe, zoals snoep, zoethout of gummibeertjes, voor een leuk en nostalgisch tintje.
Serveer en geniet!

43. Chili Charcuteriebord

INGREDIËNTEN:
Zelfgemaakte of in de winkel gekochte chili (zoals rundvleeschili of vegetarische chili)
Diverse toppings (zoals geraspte kaas, zure room, in blokjes gesneden uien of gehakte jalapeños)
Tortillachips of maisbrood
Gesneden avocado of guacamole
Verse koriander of peterselie ter garnering

INSTRUCTIES:
Verwarm de chili als je deze uit de winkel gebruikt, of maak zelfgemaakte chili.
Plaats de chili in een grote pan of slowcooker op een serveerplank of schaal.
Schik diverse toppings, zoals geraspte kaas, zure room, in blokjes gesneden uien of gehakte jalapeños, rond de chili.
Voeg tortillachips of maisbrood toe aan het bord om te dippen en te scheppen.
Voeg gesneden avocado of guacamole toe voor een romig en fris element.
Garneer met verse koriander of peterselie voor extra frisheid en visuele aantrekkingskracht.
Serveer en geniet!

44. Taco Night Charcuteriebord

INGREDIËNTEN:

Diverse taco-vullingen (zoals gekruid rundergehakt, geraspte kip of gegrilde groenten)
Tortilla's (zoals bloemtortilla's of maïstortilla's)
Diverse toppings (zoals geraspte sla, in blokjes gesneden tomaten, gesneden uien of gehakte koriander)
Gesneden jalapeños of ingelegde jalapeños
Guacamole of gesneden avocado
Salsa of hete saus
Zure room of Griekse yoghurt

INSTRUCTIES:

Kook de tacovullingen naar eigen voorkeur (gekruid rundergehakt, geraspte kip of gegrilde groenten).
Plaats de gekookte taco-vullingen in aparte kommen op een grote serveerplank of schaal.
Schik tortilla's en diverse toppings, zoals geraspte sla, in blokjes gesneden tomaten, gesneden uien of gehakte koriander, rond de vullingen.
Voeg gesneden jalapeños of ingelegde jalapeños, guacamole of gesneden avocado, salsa of hete saus en zure room of Griekse yoghurt toe aan het bord.
Laat gasten hun eigen taco's samenstellen door tortilla's te vullen met de gewenste vullingen en toppings.
Serveer en geniet!

45. Lekkere chocoladefondue-charcuterieplank

INGREDIËNTEN:
VOOR CHOCOLADEFONDUE
- Diverse chocolaatjes voor fondue (zoals melkchocolade, pure chocolade of witte chocolade)
- Zware room of melk
- Diverse dippers (zoals fruit, marshmallows, koekjes of pretzels)

INSTRUCTIES:
VOOR CHOCOLADEFONDUE:
a) Snijd de diverse chocolaatjes in kleine stukjes en zet opzij.
b) Verwarm de slagroom of melk in een pan op middelhoog vuur tot het begint te sudderen.
c) Haal de pan van het vuur en voeg de gehakte chocolaatjes toe.
d) Roer het mengsel totdat de chocolade volledig gesmolten en glad is.
e) Doe de chocoladefondue in een fonduepan of houd hem warm op laag vuur.
f) Serveer met diverse dippers.

VOOR HET charcuteriebord:
g) Plaats de chocoladefonduepan of -pan in het midden van een grote serveerplank of schaal.
h) Schik de diverse dippers, zoals fruit, marshmallows, koekjes of pretzels, rond de pot.
i) Zorg voor spiesjes of vorken zodat de gasten hun dippers in de chocoladefondue kunnen dopen.
j) Serveer en geniet!

46. Hot Wings Charcuteriebord

INGREDIËNTEN:

Gebakken of gebakken kippenvleugels
Diverse smaken van hete saus of vleugelsaus (zoals buffel, barbecue of honingsriracha)
Blauwe kaas of ranchdressing om te dippen
Wortel- en selderiestokken
Diverse augurken of ingemaakte groenten
Diverse crackers of broodstengels
Verse peterselie of koriander voor garnering

INSTRUCTIES:

Kook de kippenvleugels naar eigen voorkeur (gebakken of gebakken).
Gooi de gekookte vleugels in diverse smaken hete saus of vleugelsaus.
Schik de kippenvleugels op een grote serveerplank of schaal.
Plaats blauwe kaas of ranchdressing in kleine schaaltjes om te dippen.
Voeg wortel- en bleekselderijstengels en diverse augurken of ingemaakte groenten toe aan het bord.
Zorg voor diverse crackers of broodstengels waar de gasten van kunnen genieten met de vleugels en dipsauzen.
Garneer met verse peterselie of koriander voor extra frisheid en visuele aantrekkingskracht.
Serveer en geniet!

47. Feestelijk en kleurrijk charcuteriebord voor verjaardagsfeestjes

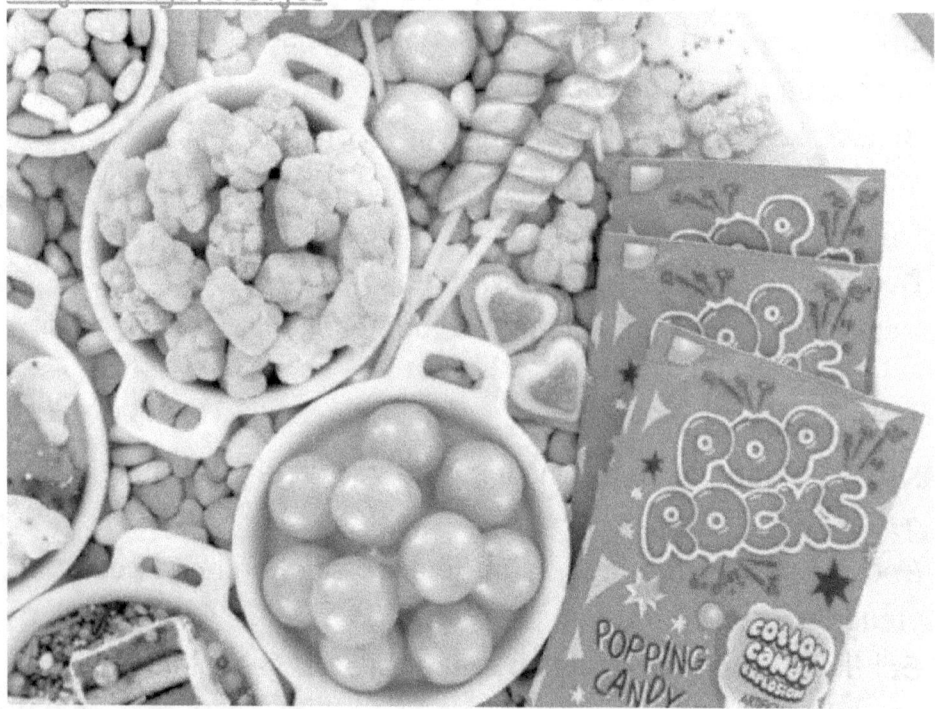

INGREDIËNTEN:
Diverse kleurrijke snoepjes (zoals gummibeertjes, M&M's of jelly Beans)
Minicupcakes of cakepops
Diverse koekjes of macarons
Met chocolade bedekte pretzels of popcorn
Fruitspiesjes of fruitkebabs
Diverse dipsauzen (zoals chocoladedip of roomkaasdip)
Regenbooghagelslag of eetbare glitters ter decoratie

INSTRUCTIES:
Schik de diverse kleurrijke snoepjes in aparte kommen op een grote serveerplank of schaal.
Plaats minicupcakes of cakepops naast de snoepjes.
Voeg diverse koekjes of macarons toe aan het bord voor variatie en zoetheid.
Voeg met chocolade bedekte pretzels of popcorn toe voor een zoute en zoete combinatie.
Spies vers fruit voor fruitspiesjes of maak fruitkebobs.
Zorg voor diverse dips, zoals chocoladedip of roomkaasdip, waar de gasten van kunnen genieten met het fruit en andere lekkernijen.
Strooi regenbooghagelslag of eetbare glitters over het bord voor een feestelijk en kleurrijk tintje.
Serveer en geniet!

48. Kerstdessert Charcuteriebord

INGREDIËNTEN:
- Diverse kerstkoekjes (zoals suikerkoekjes, peperkoekkoekjes of zandkoekkoekjes)
- Minicupcakes of browniebites
- Pepermuntschors of met chocolade bedekte pepermuntstokjes
- Advocaat of witte chocolademousse
- Verse veenbessen of granaatappelpitjes
- Snoepjes of pepermuntsnoepjes
- Geassorteerde noten of trailmix met vakantiesmaken (zoals kaneel of nootmuskaat)
- Takjes verse munt of rozemarijn ter garnering

INSTRUCTIES:
a) Schik de diverse kerstkoekjes op een grote serveerplank of schaal.
b) Plaats minicupcakes of browniebites naast de koekjes.
c) Voeg pepermuntschors of met chocolade omhulde pepermuntstokjes toe aan het bord voor een feestelijke en muntachtige traktatie.
d) Voeg advocaat- of witte chocolademousse toe aan kleine gerechtjes voor een romig en heerlijk element.
e) Strooi verse veenbessen of granaatappelpitjes voor een vleugje kleur en pittige smaak.
f) Voeg snoepriet of pepermuntsnoepjes toe voor een klassiek kerstgevoel.
g) Voeg diverse noten of een trailmix met vakantiesmaken, zoals kaneel of nootmuskaat, toe aan het bord voor extra knapperigheid en warmte.
h) Garneer met takjes verse munt of rozemarijn voor extra frisheid en visuele aantrekkingskracht.

i) Serveer en geniet!

49 Filmavond Charcuteriebord

INGREDIËNTEN:
- Popcorn (zoals beboterd, karamel of kaas)
- Diverse popcornkruiden (zoals ranch-, barbecue- of kaneelsuiker)
- Chocoladesnoepjes of met chocolade bedekte popcorn
- Diverse noten (zoals pinda's, amandelen of cashewnoten)
- Pretzels of mini-krakelingstokjes
- Gedroogd fruit (zoals veenbessen of rozijnen)
- Diverse bioscoopsnacks (zoals snoep, zoethout of gummibeertjes)

INSTRUCTIES:
a) Schik de verschillende smaken popcorn in aparte kommen op een grote serveerplank of schaal.
b) Plaats de diverse popcornkruiden naast de popcornkommen.
c) Voeg chocoladesnoepjes of met chocolade bedekte popcorn toe aan het bord voor een zoete traktatie.
d) Verdeel diverse noten, pretzels en gedroogd fruit over het bord voor extra knapperigheid en smaak.
e) Voeg diverse bioscoophapjes toe, zoals snoep, zoethout of gummibeertjes, voor een leuk en nostalgisch tintje.
f) Serveer en geniet!

50.Valentijn dessertbord

INGREDIËNTEN:

- Hartvormige koekjes of brownies
- Met chocolade bedekte aardbeien
- Redvelvet cupcakes of cakepops
- Diverse chocolaatjes of truffels
- Aardbei- of frambozenyoghurt of dip
- Verse aardbeien of frambozen
- Roze of rode snoephartjes of kusjes
- Hagelslag of eetbare glitters ter decoratie

INSTRUCTIES:

a) Schik de hartvormige koekjes of brownies op een grote serveerplank of schaal.
b) Plaats met chocolade bedekte aardbeien naast de koekjes of brownies.
c) Voeg roodfluwelen cupcakes of cakepops toe aan het bord voor een feestelijke en heerlijke traktatie.
d) Voeg diverse chocolaatjes of truffels toe voor variatie en rijkdom.
e) Geef aardbeien- of frambozenyoghurt of dip in kleine schaaltjes om te dippen.
f) Strooi verse aardbeien of frambozen voor een vleugje frisheid en pittige smaak.
g) Voeg roze of rode snoephartjes of kusjes toe voor een romantisch tintje.
h) Strooi hagelslag of eetbare glitter over het bord voor extra decoratie.
i) Serveer en geniet!

51.Paascharcuteriebord

INGREDIËNTEN:

- Hardgekookte eieren, geverfd in pastelkleuren
- Diverse paassnoepjes (zoals jelly Beans, Peeps of chocolade-eieren)
- Minicupcakes of -koekjes versierd met paasmotieven
- Wortelstokjes of babyworteltjes
- Diverse kazen in paasvormpjes gesneden (zoals konijntjes of eieren)
- Diverse crackers of broodstengels
- Verse lentekruiden of eetbare bloemen ter garnering

INSTRUCTIES:

a) Schik de geverfde hardgekookte eieren op een grote serveerplank of schaal.
b) Leg de diverse paassnoepjes naast de eieren.
c) Voeg minicupcakes of koekjes versierd met paasontwerpen toe aan het bord voor een zoet en feestelijk tintje.
d) Schik wortelstokjes of worteltjes in de vorm van een wortel op het bord.
e) Voeg diverse kazen toe die in paasvormen zijn gesneden, zoals konijntjes of eieren, voor extra eigenzinnigheid.
f) Zorg voor diverse crackers of broodstengels waar de gasten van kunnen genieten met de kazen en andere lekkernijen.
g) Garneer met verse lentekruiden of eetbare bloemen voor extra frisheid en visuele aantrekkingskracht.
h) Serveer en geniet!

CHARCUTERIE VARKENSVLEES

52. Capicola

INGREDIËNTEN:
- 5 pond varkensschouder zonder bot
- ½ kopje koosjer zout
- ¼ kopje suiker
- 2 eetlepels zwarte peperkorrels, geplet
- 2 eetlepels paprikapoeder
- 1 eetlepel rode pepervlokken
- 1 eetlepel venkelzaad, gemalen
- 1 eetlepel knoflookpoeder
- 1 theelepel roze pekelzout (Praagpoeder #1)

INSTRUCTIES:
a) Meng in een kom het koosjer zout, de suiker, gemalen zwarte peperkorrels, paprika, rode pepervlokken, gemalen venkelzaad, knoflookpoeder en roze pekelzout.

b) Wrijf het mengsel gelijkmatig over de varkensschouder en zorg ervoor dat alle kanten bedekt zijn.

c) Doe de gekruide varkensschouder in een grote hersluitbare zak of wikkel hem stevig in plasticfolie.

d) Zet het 7-10 dagen in de koelkast en draai de schouder elke 2 dagen om om het uithardingsmengsel gelijkmatig te verdelen.

e) Na de uithardingsperiode haalt u de varkensschouder uit de zak en spoelt u deze af onder koud water om overtollig zout en kruiden te verwijderen.

f) Verwarm uw roker voor op 93°C (200°F) en rook de capicola ongeveer 6-8 uur totdat de interne temperatuur 71°C (160°F) bereikt.

g) Laat de capicola afkoelen en zet hem vervolgens een paar uur of een nacht in de koelkast.

h) Snijd de capicola in dunne plakjes en geniet ervan als een smaakvolle toevoeging aan sandwiches, antipastoschotels of charcuterieborden.

53. Drooggezouten Ham

INGREDIËNTEN:
- 1 hele verse ham, met been (ongeveer 12-15 pond)
- 1 kopje koosjer zout
- 1 kopje bruine suiker
- 2 eetlepels roze pekelzout (Praagpoeder #1)
- 1 eetlepel zwarte peperkorrels, geplet
- 1 eetlepel korianderzaad, gemalen
- 4 laurierblaadjes, geplet

INSTRUCTIES:
a) Meng in een mengkom het koosjer zout, de bruine suiker, het roze pekelzout, de gemalen peperkorrels, het gemalen korianderzaad en de gemalen laurierblaadjes.
b) Wrijf het mengsel grondig over de verse ham en bedek alle kanten.
c) Doe de ham in een grote plastic zak of wikkel hem stevig in plasticfolie.
d) Zet 7-10 dagen in de koelkast en draai de ham elke 2-3 dagen om een gelijkmatige uitharding te garanderen.
e) Haal na de rijpingsperiode de ham uit de zak en spoel hem grondig af onder koud water om overtollig zout te verwijderen.
f) Dep de ham droog met keukenpapier en hang hem 3-4 weken in een koele, goed geventileerde ruimte, zodat hij aan de lucht kan drogen en zijn karakteristieke smaak kan ontwikkelen.
g) Zodra de ham droog is, is hij klaar om in plakjes te worden gesneden en ervan te genieten.

54.Genezen spek

INGREDIËNTEN:

- 5 pond buikspek, met vel
- ½ kopje koosjer zout
- ½ kopje bruine suiker
- 2 eetlepels zwarte peper, vers gemalen
- 2 eetlepels gerookt paprikapoeder
- 2 theelepels roze pekelzout (Praagpoeder #1)

INSTRUCTIES:

a) Meng in een kom het koosjer zout, de bruine suiker, de zwarte peper, de gerookte paprika en het roze pekelzout.

b) Wrijf het mengsel gelijkmatig over het buikspek en zorg ervoor dat alle kanten bedekt zijn.

c) Doe het gekruide buikspek in een grote hersluitbare zak of wikkel het strak in plasticfolie.

d) Zet het 7-10 dagen in de koelkast, waarbij u de buik elke 2 dagen omdraait om het uithardingsmengsel gelijkmatig te verdelen.

e) Haal na het uitharden het buikspek uit de zak en spoel het af onder koud water om overtollig zout en kruiden te verwijderen.

f) Verwarm uw roker voor op 93°C en rook het buikspek gedurende 2-3 uur totdat het een interne temperatuur van 66°C heeft bereikt.

g) Laat het spek afkoelen en zet het vervolgens een paar uur of een nacht in de koelkast.

h) Snijd het spek in de gewenste dikte en kook het zoals je zou doen met spek uit de winkel.

55.Pittige Pepperoni

INGREDIËNTEN:

- 2 pond mager gemalen varkensvlees
- ½ pond varkensvet, in fijne blokjes gesneden
- 2 eetlepels paprikapoeder
- 2 eetlepels koosjer zout
- 1 eetlepel suiker
- 1 eetlepel venkelzaad, gemalen
- 1 eetlepel gedroogde oregano
- 2 theelepels rode pepervlokken
- 2 theelepels knoflookpoeder
- 1 theelepel versgemalen zwarte peper
- ¼ theelepel zout (Praagpoeder #2)

INSTRUCTIES:

a) Meng in een grote mengkom het gemalen varkensvlees, de in blokjes gesneden varkensvet, paprika, koosjer zout, suiker, gemalen venkelzaad, gedroogde oregano, rode pepervlokken, knoflookpoeder, zwarte peper en pekelzout. Meng goed om de ingrediënten gelijkmatig te verdelen.

b) Dek de kom af en zet het mengsel 24 uur in de koelkast, zodat de smaken zich kunnen vermengen.

c) Haal het mengsel uit de koelkast en stop het in worstomhulsels, zodat er pepperoni-schakels van de gewenste lengte ontstaan.

d) Hang de gevulde omhulsels 24 tot 48 uur in een koele, goed geventileerde ruimte of in de koelkast om te drogen en de smaak te ontwikkelen.

e) Verwarm uw roker voor op 66°C en rook de pepperoni gedurende 4-6 uur tot de interne temperatuur 66°C bereikt.

f) Haal de pepperoni uit de roker en laat hem volledig afkoelen.

g) Eenmaal afgekoeld is de pepperoni klaar om in plakjes te worden gesneden en te gebruiken op pizza's, sandwiches of als smaakvol tussendoortje.

56. Pancetta

INGREDIËNTEN:
- 4 pond buikspek, zonder vel
- ½ kopje koosjer zout
- ¼ kopje suiker
- 2 eetlepels zwarte peperkorrels, geplet
- 2 eetlepels jeneverbessen, geplet
- 1 eetlepel venkelzaad, gemalen
- 6 teentjes knoflook, fijngehakt
- 6 takjes verse tijm, blaadjes verwijderd
- 6 laurierblaadjes, geplet

INSTRUCTIES:
a) Meng in een kom het koosjer zout, de suiker, gemalen zwarte peperkorrels, gemalen jeneverbessen, gemalen venkelzaad, gehakte knoflook, tijmblaadjes en gemalen laurierblaadjes.

b) Wrijf het mengsel grondig over het buikspek en zorg ervoor dat alle kanten bedekt zijn.

c) Doe het gekruide buikspek in een grote hersluitbare zak of wikkel het strak in plasticfolie.

d) Zet het 7-10 dagen in de koelkast, waarbij u de buik elke 2 dagen omdraait om het uithardingsmengsel gelijkmatig te verdelen.

e) Haal na het uitharden het buikspek uit de zak en spoel het af onder koud water om overtollig zout en kruiden te verwijderen.

f) Dep het buikspek droog met keukenpapier en hang het 1-2 weken op een koele, goed geventileerde plaats, zodat het aan de lucht kan drogen en de smaak kan ontwikkelen.

g) Eenmaal gedroogd snijdt u de pancetta in dunne plakjes en gebruikt u deze om een rijke, hartige smaak toe te voegen aan pastagerechten, soepen of als een op zichzelf staand charcuterieproduct.

57 Prosciutto

INGREDIËNTEN:

- 8-10 pond verse varkenspoot
- 2 pond koosjer zout
- 1 pond kristalsuiker
- 2 eetlepels zwarte peperkorrels, geplet
- 8 teentjes knoflook, fijngehakt
- 8 laurierblaadjes, geplet

INSTRUCTIES:

a) Meng in een kom het zout, de suiker, de gemalen peperkorrels, de gehakte knoflook en de gemalen laurierblaadjes.

b) Wrijf het mengsel over de varkenspoot en zorg ervoor dat het gelijkmatig bedekt is.

c) Plaats de varkenspoot in een grote bak en bedek deze met het resterende uithardingsmengsel.

d) Zet de varkenspoot 3 weken in de koelkast, draai hem om de paar dagen om en bedruip hem met de opgehoopte vloeistof.

e) Haal na 3 weken de varkenspoot uit het uithardingsmengsel en spoel hem af onder koud water.

f) Dep de varkenspoot droog en hang hem 9-12 maanden in een koele, goed geventileerde ruimte om te drogen en te rijpen.

g) Zodra de prosciutto volledig is gedroogd, kan deze in dunne plakjes worden gesneden en als delicatesse worden genoten.

58.Guanciale

INGREDIËNTEN:

- 2 pond varkenswangen (wangen)
- $\frac{1}{4}$ kopje koosjer zout
- 2 eetlepels suiker
- 1 eetlepel zwarte peperkorrels, geplet
- 4 teentjes knoflook, fijngehakt
- 4 laurierblaadjes, geplet

INSTRUCTIES:

a) Meng in een kom het zout, de suiker, de gemalen peperkorrels, de gehakte knoflook en de gemalen laurierblaadjes.

b) Wrijf het mengsel over de varkenswangen en zorg ervoor dat ze gelijkmatig bedekt zijn.

c) Doe de varkenswangetjes in een ritssluitingszak en laat ze 7-10 dagen in de koelkast staan. Draai ze elke 2-3 dagen om.

d) Spoel de varkenswangen na het uitharden af onder koud water en dep ze droog.

e) Hang de wangen 2-3 weken in een koele, goed geventileerde ruimte om te drogen.

f) Eenmaal gedroogd kan guanciale in dunne plakjes worden gesneden en worden gebruikt als smaakvolle toevoeging aan pastagerechten, carbonara of salades.

59.Beker

INGREDIËNTEN:

- 3-4 pond varkensnek of schouder
- ¼ kopje koosjer zout
- 2 eetlepels suiker
- 1 eetlepel zwarte peperkorrels, geplet
- 4 teentjes knoflook, fijngehakt
- 4 laurierblaadjes, geplet

INSTRUCTIES:

a) Meng in een kom het zout, de suiker, de gemalen peperkorrels, de gehakte knoflook en de gemalen laurierblaadjes.

b) Wrijf het mengsel over de hele varkensnek of -schouder en zorg ervoor dat het gelijkmatig bedekt is.

c) Doe het varkensvlees in een ritssluitingszak en zet het 7-10 dagen in de koelkast. Draai het elke 2-3 dagen om.

d) Spoel het varkensvlees na het uitharden af onder koud water en dep het droog.

e) Bind het varkensvlees stevig vast met slagerstouw en hang het 3-4 weken op een koele, goed geventileerde plaats om te drogen.

f) Eenmaal gedroogd kan coppa in dunne plakjes worden gesneden en worden gebruikt in sandwiches, charcuterieborden of antipastoschotels.

60. Lardo

INGREDIËNTEN:

- 2 pond varkensrugvet
- ¼ kopje koosjer zout
- 2 eetlepels suiker
- 1 eetlepel zwarte peperkorrels, geplet
- 4 teentjes knoflook, fijngehakt
- 4 takjes verse rozemarijn, gehakt

INSTRUCTIES:

a) Meng in een kom het zout, de suiker, de gemalen peperkorrels, de gehakte knoflook en de gehakte rozemarijn.

b) Wrijf het mengsel over het varkensrugvet en zorg ervoor dat het gelijkmatig bedekt is.

c) Doe het varkensvet in een ritssluitingszak en zet het 7-10 dagen in de koelkast. Draai het elke 2-3 dagen om.

d) Na de uithardingsperiode het varkensvet uit de zak halen en onder koud water afspoelen.

e) Dep het varkensvet droog en hang het 2-3 weken op een koele, goed geventileerde plaats om te drogen.

f) Eenmaal gedroogd kan lardo in dunne plakjes worden gesneden en worden gebruikt als luxe toevoeging aan brood, pasta of salades.

61. Soppressata

INGREDIËNTEN:

- 3 pond varkensschouder, ontdaan van overtollig vet
- ½ pond varkensrugvet
- ¼ kopje koosjer zout
- 2 eetlepels suiker
- 2 theelepels venkelzaad
- 2 theelepels gemalen rode pepervlokken
- 2 theelepels paprikapoeder
- 2 teentjes knoflook, fijngehakt
- ¼ kopje droge rode wijn
- Varkensdarmen (optioneel)

INSTRUCTIES:

a) Snijd de varkensschouder en het rugvet in kleine stukjes en maal ze met een vleesmolen.

b) Meng in een kom het zout, de suiker, het venkelzaad, de gemalen rode pepervlokken, de paprika en de gehakte knoflook.

c) Voeg het kruidenmengsel en de rode wijn toe aan het varkensgehakt en meng goed.

d) Als u omhulsels gebruikt, propt u het mengsel erin en knoopt u de uiteinden vast. Als u geen omhulsels gebruikt, vorm het mengsel dan in blokken.

e) Hang de gevulde omhulsels of vormblokken 2-3 weken op een koele, droge plaats om te drogen.

f) Eenmaal gedroogd kan soppressata in dunne plakjes worden gesneden en worden genoten als een smaakvolle toevoeging aan sandwiches of charcuterieborden.

62.Bresaola

INGREDIËNTEN:

- 3-4 pond runderoogrond braadstuk
- ¼ kopje koosjer zout
- 2 eetlepels suiker
- 2 theelepels zwarte peperkorrels, geplet
- 4 teentjes knoflook, fijngehakt
- 4 takjes verse tijm, gehakt
- 4 takjes verse rozemarijn, gehakt

INSTRUCTIES:

a) Meng in een kom het zout, de suiker, de gemalen peperkorrels, de gehakte knoflook, de gehakte tijm en de gehakte rozemarijn.

b) Wrijf het mengsel over het runderoogbraadstuk en zorg ervoor dat het gelijkmatig bedekt is.

c) Doe het braadstuk in een ritssluitingszak en zet het 7-10 dagen in de koelkast. Draai het om de 2-3 dagen om.

d) Na de uithardingsperiode haalt u het braadstuk uit de zak en spoelt u het af onder koud water.

e) Dep het braadstuk droog en wikkel het strak in kaasdoek of mousseline.

f) Hang het verpakte braadstuk 4-6 weken op een koele, goed geventileerde plaats om te drogen.

g) Eenmaal gedroogd kan bresaola in dunne plakjes worden gesneden en worden genoten als delicaat, aan de lucht gedroogd rundvlees.

63. Chorizo

INGREDIËNTEN:
- 2 pond varkensgehakt
- 4 eetlepels gerookt paprikapoeder
- 2 eetlepels chilipoeder
- 1 eetlepel knoflookpoeder
- 1 eetlepel uienpoeder
- 2 theelepels zout
- 2 theelepels gemalen zwarte peper
- 1 theelepel gedroogde oregano
- $\frac{1}{2}$ theelepel gemalen komijn
- $\frac{1}{4}$ theelepel cayennepeper (optioneel)
- $\frac{1}{4}$ kopje rode wijnazijn

INSTRUCTIES:
a) Meng alle kruiden in een kom en meng goed.
b) Voeg het gemalen varkensvlees en de rode wijnazijn toe aan de kom en meng tot de kruiden gelijkmatig verdeeld zijn.
c) Dek de kom af en zet deze 24-48 uur in de koelkast, zodat de smaken zich kunnen vermengen.
d) Vorm van het chorizomengsel schakels of pasteitjes.
e) Kook de chorizo in een koekenpan op middelhoog vuur tot hij volledig gaar is, ongeveer 8-10 minuten, of tot de interne temperatuur 71°C bereikt.
f) Serveer chorizo in taco's, burrito's of als smaakvolle toevoeging aan diverse gerechten.

64. Jamón

INGREDIËNTEN:
- 1 beenham (bij voorkeur gezouten en gerijpt)
- Zout

INSTRUCTIES:
a) Spoel de ham af onder koud water om eventuele onzuiverheden aan het oppervlak te verwijderen.
b) Dep de ham droog met keukenpapier.
c) Wrijf zout over de hele ham en zorg ervoor dat deze gelijkmatig bedekt is.
d) Hang de ham enkele maanden op in een koele, goed geventileerde ruimte, afhankelijk van de grootte van de ham, totdat deze is gedroogd en uitgehard.
e) Eenmaal uitgehard, kan de ham in dunne plakjes worden gesneden en zo worden genoten of in verschillende recepten worden gebruikt.

65 Culatello

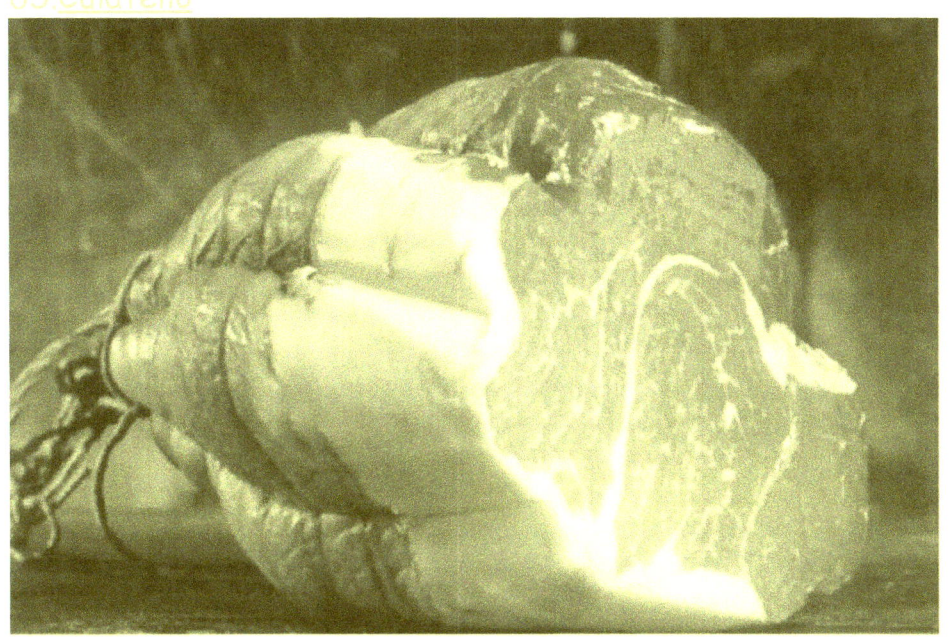

INGREDIËNTEN:
- 2 pond varkenshaas
- ¼ kopje koosjer zout
- 2 eetlepels suiker
- 2 theelepels zwarte peperkorrels, geplet
- 4 teentjes knoflook, fijngehakt
- 4 takjes verse tijm, gehakt
- 4 takjes verse rozemarijn, gehakt

INSTRUCTIES:
a) Meng in een kom het koosjer zout, de suiker, de gemalen peperkorrels, de gehakte knoflook, de gehakte tijm en de gehakte rozemarijn.

b) Wrijf het mengsel over de varkenslende en zorg ervoor dat het gelijkmatig bedekt is.

c) Doe de varkenshaas in een ritssluitingszak en zet deze 7-10 dagen in de koelkast. Draai hem elke 2-3 dagen om.

d) Haal na het uitharden de varkenshaas uit de zak en spoel deze af onder koud water.

e) Dep de varkenslende droog en wikkel hem strak in kaasdoek of mousseline.

f) Hang de ingepakte varkenslende 2-3 maanden op in een koele, goed geventileerde ruimte om te drogen.

g) Eenmaal gedroogd kan culatello in dunne plakjes worden gesneden en als delicatesse worden genoten.

66.Mortadella

INGREDIËNTEN:
- 2 pond varkensgehakt
- ½ pond varkensvet, fijngehakt
- ½ kopje pistachenoten, gepeld en grof gehakt
- ¼ kopje in blokjes gesneden prosciutto of gekookte ham
- ¼ kopje geraspte Parmezaanse kaas
- 2 eetlepels zout
- 1 eetlepel suiker
- 1 eetlepel gemalen zwarte peper
- 1 theelepel knoflookpoeder
- ½ theelepel gemalen koriander
- ¼ theelepel gemalen nootmuskaat
- ¼ theelepel gemalen piment
- ¼ theelepel roze pekelzout (Praagpoeder #1)
- ½ kopje ijswater

INSTRUCTIES:
a) Meng in een kom het gemalen varkensvlees, varkensvet, pistachenoten, in blokjes gesneden prosciutto, Parmezaanse kaas, zout, suiker, zwarte peper, knoflookpoeder, koriander, nootmuskaat, piment en roze pekelzout.
b) Meng de ingrediënten grondig tot ze goed gecombineerd zijn.
c) Voeg langzaam het ijswater toe aan het mengsel en blijf roeren totdat het goed is opgenomen.
d) Vul het mengsel in omhulsels en zorg ervoor dat er geen luchtbellen ontstaan.
e) Pocheer de gevulde mortadella in kokend water of stoom hem tot hij een interne temperatuur van 71°C heeft bereikt.

f) Laat de mortadella volledig afkoelen voordat je hem in stukken snijdt en ervan geniet.

67. Spek

INGREDIËNTEN:
- 4 pond buikspek
- ½ kopje koosjer zout
- 2 eetlepels suiker
- 2 eetlepels gemalen zwarte peper
- 2 eetlepels gemalen jeneverbessen
- 2 eetlepels gemalen koriander
- 1 eetlepel gemalen nootmuskaat
- 1 eetlepel gemalen kaneel
- 1 eetlepel knoflookpoeder
- 1 eetlepel roze pekelzout (Praagpoeder #1)

INSTRUCTIES:

a) Meng in een kom het koosjer zout, suiker, zwarte peper, gemalen jeneverbessen, gemalen koriander, gemalen nootmuskaat, gemalen kaneel, knoflookpoeder en roze pekelzout.

b) Wrijf het mengsel over het buikspek en zorg ervoor dat het gelijkmatig bedekt is.

c) Doe het buikspek in een grote ritssluitingszak en zet het 7-10 dagen in de koelkast. Draai het om de 2-3 dagen om.

d) Haal na het uitharden het buikspek uit de zak en spoel het af onder koud water.

e) Dep het buikspek droog met keukenpapier.

f) Verwarm de oven voor op 80°C.

g) Hang het buikspek in een koele, goed geventileerde ruimte gedurende 2-3 weken om aan de lucht te drogen.

h) Eenmaal gedroogd kan het stipje in dunne plakjes worden gesneden en ervan worden genoten.

68. Nduja

INGREDIËNTEN:
- 1 pond varkensschouder, in blokjes gesneden
- ½ pond varkensvet, in blokjes gesneden
- 3 eetlepels paprikapoeder
- 2 eetlepels Calabrische chilipasta of gemalen rode pepervlokken
- 2 eetlepels koosjer zout
- 1 eetlepel suiker
- 1 theelepel venkelzaad, gemalen
- 1 theelepel zwarte peperkorrels, gemalen

INSTRUCTIES:
a) Meng in een kom de in blokjes gesneden varkensschouder, de in blokjes gesneden varkensvet, paprika, Calabrische chilipasta of gemalen rode pepervlokken, koosjer zout, suiker, gemalen venkelzaad en gemalen zwarte peperkorrels.
b) Meng de ingrediënten grondig tot ze goed gecombineerd zijn.
c) Maal het mengsel in een vleesmolen of keukenmachine tot het een gladde consistentie heeft.
d) Breng het mengsel over naar een gesteriliseerde pot of container en zet het minimaal 24 uur in de koelkast, zodat de smaken zich kunnen ontwikkelen.
e) Nduja kan op brood worden gesmeerd of als smaakvolle toevoeging aan diverse gerechten worden gebruikt.

69. Sobrasada

INGREDIËNTEN:
- 1 pond gemalen varkensvlees
- ¼ kopje paprikapoeder
- 1 eetlepel koosjer zout
- 1 theelepel gemalen rode pepervlokken
- 1 theelepel gemalen zwarte peper
- 1 theelepel gemalen komijn
- ½ theelepel gemalen kaneel
- ¼ theelepel gemalen kruidnagel
- ¼ theelepel gemalen nootmuskaat

INSTRUCTIES:
a) Meng in een kom het gemalen varkensvlees, paprikapoeder, koosjer zout, gemalen rode pepervlokken, zwarte peper, komijn, kaneel, kruidnagel en nootmuskaat.

b) Meng de ingrediënten grondig tot ze goed gecombineerd zijn.

c) Breng het mengsel over in een koekenpan en kook op middelhoog vuur, onder regelmatig roeren, tot het varkensvlees gaar is en de smaken versmelten, ongeveer 15-20 minuten.

d) Laat de sobrasada iets afkoelen voordat u hem in gesteriliseerde potten of containers doet.

e) Zet de sobrasada minimaal 24 uur in de koelkast, zodat de smaken zich kunnen ontwikkelen.

f) Sobrasada kan op brood worden gesmeerd, als topping voor pizza worden gebruikt of in verschillende gerechten worden verwerkt.

70. Culaccia

INGREDIËNTEN:
- 2 pond varkenshaas
- ¼ kopje koosjer zout
- 2 eetlepels suiker
- 2 theelepels zwarte peperkorrels, geplet
- 4 teentjes knoflook, fijngehakt
- 4 takjes verse tijm, gehakt
- 4 takjes verse rozemarijn, gehakt

INSTRUCTIES:
a) Meng in een kom het koosjer zout, de suiker, de gemalen peperkorrels, de gehakte knoflook, de gehakte tijm en de gehakte rozemarijn.

b) Wrijf het mengsel over de varkenslende en zorg ervoor dat het gelijkmatig bedekt is.

c) Doe de varkenshaas in een ritssluitingszak en zet deze 7-10 dagen in de koelkast. Draai hem elke 2-3 dagen om.

d) Haal na de uithardingsperiode het varkenshaasje uit de zak en spoel het af onder koud water.

e) Dep de varkenslende droog en wikkel hem strak in kaasdoek of mousseline.

f) Hang de ingepakte varkenslende 2-3 maanden op in een koele, goed geventileerde ruimte om te drogen.

g) Eenmaal gedroogd kan de culaccia in dunne plakjes worden gesneden en als delicatesse worden genoten.

71. Lonza

INGREDIËNTEN:
- 2 pond varkenshaas
- ¼ kopje koosjer zout
- 2 eetlepels suiker
- 2 theelepels zwarte peperkorrels, geplet
- 4 teentjes knoflook, fijngehakt
- 4 takjes verse tijm, gehakt
- 4 takjes verse rozemarijn, gehakt

INSTRUCTIES:
a) Meng in een kom het koosjer zout, de suiker, de gemalen peperkorrels, de gehakte knoflook, de gehakte tijm en de gehakte rozemarijn.

b) Wrijf het mengsel over de varkenslende en zorg ervoor dat het gelijkmatig bedekt is.

c) Doe de varkenshaas in een ritssluitingszak en zet deze 7-10 dagen in de koelkast. Draai hem elke 2-3 dagen om.

d) Haal na de uithardingsperiode het varkenshaasje uit de zak en spoel het af onder koud water.

e) Dep de varkenslende droog en hang hem 2-3 maanden in een koele, goed geventileerde ruimte om aan de lucht te drogen.

f) Eenmaal gedroogd kan lonza in dunne plakjes worden gesneden en ervan worden genoten.

72. Bierworst

INGREDIËNTEN:

- 2 pond mager varkensvlees (zoals varkensschouder), in blokjes
- ½ pond varkensvet, in blokjes
- ½ kopje ijswater
- 2 eetlepels koosjer zout
- 2 eetlepels suiker
- 2 theelepels gemalen witte peper
- 1 theelepel gemalen koriander
- ½ theelepel gemalen nootmuskaat
- ½ theelepel gemalen gember
- ½ theelepel gemalen foelie
- ¼ theelepel roze pekelzout (Praagpoeder #1)
- Natuurlijke varkensdarmen

INSTRUCTIES:

a) Meng in een kom het in blokjes gesneden varkensvlees, de in blokjes gesneden varkensvet, ijswater, koosjer zout, suiker, witte peper, koriander, nootmuskaat, gember, foelie en roze pekelzout.

b) Maal het mengsel door een vleesmolen met behulp van een middelgrote maalplaat.

c) Vul het gemalen mengsel in natuurlijke varkensdarmen en vorm worstjes van het gewenste formaat.

d) Draai de worsten met regelmatige tussenpozen om individuele schakels te creëren.

e) Pocheer de worsten in kokend water tot ze een interne temperatuur van 71°C hebben bereikt.

f) Eenmaal gekookt, kan de Bierwurst gegrild of gebakken worden gegeten of in verschillende recepten worden gebruikt.

73. Kabanos

INGREDIËNTEN:

- 2 pond mager varkensvlees (zoals varkensschouder), in blokjes
- ½ pond varkensvet, in blokjes
- ¼ kopje ijswater
- 2 eetlepels koosjer zout
- 2 eetlepels paprikapoeder
- 1 eetlepel gemalen zwarte peper
- 1 eetlepel knoflookpoeder
- 1 eetlepel mosterdzaad
- 1 eetlepel gemalen koriander
- ½ theelepel roze pekelzout (Praagpoeder #1)
- Natuurlijke varkensdarmen

INSTRUCTIES:

a) Meng in een kom het in blokjes gesneden varkensvlees, de in blokjes gesneden varkensvet, ijswater, koosjer zout, paprikapoeder, zwarte peper, knoflookpoeder, mosterdzaad, gemalen koriander en roze zout.

b) Maal het mengsel door een vleesmolen met behulp van een middelgrote maalplaat.

c) Vul het gemalen mengsel in natuurlijke varkensdarmen en vorm worstjes van het gewenste formaat.

d) Draai de worsten met regelmatige tussenpozen om individuele schakels te creëren.

e) Hang de worsten 24 tot 48 uur in een koele, goed geventileerde ruimte om te drogen.

f) Eenmaal gedroogd kunnen de Kabanos worden genoten als smaakvol tussendoortje of worden gebruikt in verschillende recepten.

74.Lonzino

INGREDIËNTEN:
- 2 pond varkenshaas
- ¼ kopje koosjer zout
- 2 eetlepels suiker
- 2 theelepels gemalen zwarte peper
- 2 theelepels gedroogde tijm
- 2 theelepels gedroogde rozemarijn
- 2 theelepels gedroogde salie
- 2 theelepels venkelzaad, gemalen
- 1 theelepel roze pekelzout (Praagpoeder #1)

INSTRUCTIES:
a) Meng in een kom het koosjer zout, de suiker, de zwarte peper, de gedroogde tijm, de gedroogde rozemarijn, de gedroogde salie, de gemalen venkelzaadjes en het roze pekelzout.

b) Wrijf het mengsel over de varkenshaas en zorg ervoor dat deze gelijkmatig bedekt is.

c) Doe de varkenshaas in een ritssluitingszak en zet deze 7-10 dagen in de koelkast. Draai hem elke 2-3 dagen om.

d) Haal na het uitharden de varkenshaas uit de zak en spoel deze af onder koud water.

e) Dep de varkenshaas droog met keukenpapier.

f) Hang de varkenshaas 2-3 weken in een koele, goed geventileerde ruimte om aan de lucht te drogen.

g) Eenmaal gedroogd kan lozino in dunne plakjes worden gesneden en als delicatesse worden genoten.

75.De kogel

INGREDIËNTEN:
- 2 pond varkensschouder, in blokjes
- ½ pond varkensvet, in blokjes
- 4 teentjes knoflook, fijngehakt
- 2 eetlepels paprikapoeder
- 2 eetlepels gemalen zwarte peper
- 2 eetlepels koosjer zout
- 2 theelepels suiker
- 2 theelepels gemalen cayennepeper
- 2 theelepels gemalen komijn
- 2 theelepels gedroogde oregano
- 2 theelepels paprikapoeder
- 1 theelepel gemalen koriander
- Natuurlijke varkensdarmen

INSTRUCTIES:
a) Meng in een kom de in blokjes gesneden varkensschouder, de in blokjes gesneden varkensvet, gehakte knoflook, paprika, zwarte peper, koosjer zout, suiker, cayennepeper, komijn, gedroogde oregano, paprika en gemalen koriander.

b) Haal het mengsel door een vleesmolen met behulp van een middelgrote maalschijf.

c) Vul het gemalen mengsel in natuurlijke varkensdarmen en vorm worstjes van het gewenste formaat.

d) Draai de worsten met regelmatige tussenpozen om individuele schakels te creëren.

e) Hang de worsten gedurende 24 uur in een koele, goed geventileerde ruimte, zodat de smaken zich kunnen ontwikkelen.

f) Verwarm een roker voor op 82°C (180°F) en voeg de rookhoutsnippers of -stukjes van uw voorkeur toe.

g) Rook de koelenworsten in de rookoven gedurende ongeveer 4-6 uur, of totdat ze een interne temperatuur van 71°C (160°F) hebben bereikt.

h) Eenmaal gerookt, kunnen de Kullen-worsten gegrild of gebakken worden gegeten of in verschillende recepten worden gebruikt.

76.Ciauscola

INGREDIËNTEN:
- 2 pond varkensschouder, in blokjes
- ½ pond varkensvet, in blokjes
- 4 teentjes knoflook, fijngehakt
- 2 eetlepels rode wijn
- 2 eetlepels koosjer zout
- 2 theelepels gemalen zwarte peper
- 2 theelepels gemalen venkelzaad
- 2 theelepels gemalen koriander
- 2 theelepels gedroogde tijm
- 2 theelepels gedroogde rozemarijn
- 1 theelepel gemalen nootmuskaat
- Natuurlijke varkensdarmen

INSTRUCTIES:
a) Meng in een kom de in blokjes gesneden varkensschouder, de in blokjes gesneden varkensvet, gehakte knoflook, rode wijn, koosjer zout, zwarte peper, gemalen venkelzaad, gemalen koriander, gedroogde tijm, gedroogde rozemarijn en gemalen nootmuskaat.

b) Haal het mengsel door een vleesmolen met behulp van een middelgrote maalschijf.

c) Vul het gemalen mengsel in natuurlijke varkensdarmen en vorm worstjes van het gewenste formaat.

d) Draai de worsten met regelmatige tussenpozen om individuele schakels te creëren.

e) Hang de worsten gedurende 24 uur in een koele, goed geventileerde ruimte, zodat de smaken zich kunnen ontwikkelen.

f) Ciauscolo kan worden genoten als smeerbare salami. Snijd voor het serveren dunne stukjes en verdeel ze over knapperig brood of crackers.

77. Kunchiang

INGREDIËNTEN:
- 1 pond gemalen varkensvlees
- ¼ kopje gekookte kleefrijst
- 2 eetlepels gehakte knoflook
- 2 eetlepels gehakte sjalotjes
- 2 eetlepels gehakt citroengras (alleen het witte deel)
- 2 eetlepels gehakte verse korianderwortels
- 2 eetlepels gehakte laos
- 1 eetlepel palmsuiker of bruine suiker
- 1 eetlepel vissaus
- 1 eetlepel sojasaus
- 1 theelepel gemalen witte peper
- 1 theelepel gemalen koriander
- 1 theelepel gemalen komijn
- ½ theelepel zout
- Natuurlijke worstdarmen (optioneel)

INSTRUCTIES:
a) Als u natuurlijke worstdarmen gebruikt, week ze dan in warm water volgens de instructies op de verpakking om ze zacht te maken.

b) Pureer de gekookte kleefrijst in een vijzel en stamper tot een fijn poeder. Opzij zetten.

c) Meng in een grote kom het gemalen varkensvlees, de gehakte knoflook, de gehakte sjalotjes, het gehakte citroengras, de gehakte korianderwortels, de gehakte laos, palmsuiker, vissaus, sojasaus, gemalen witte peper, gemalen koriander, gemalen komijn en zout. Meng goed en zorg ervoor dat de ingrediënten gelijkmatig worden opgenomen.

d) Als u omhulsels gebruikt, schuift u het ene uiteinde van de omhulling voorzichtig op een worstvulbuis, waarbij u een beetje overhang laat. Duw de resterende behuizing op de buis en zorg ervoor dat deze gelijkmatig verdeeld is.

e) Vul het worstmengsel in de omhulsels, vul ze stevig maar niet te vol. Draai de worsten met regelmatige tussenpozen om individuele schakels te creëren.

f) Als u geen omhulsels gebruikt, vorm dan pasteitjes of blokken van het worstmengsel.

g) Laat de worsten, eenmaal gevormd, ongeveer 2 uur op kamertemperatuur staan, zodat het fermentatieproces kan beginnen. Gedurende deze tijd ziet u mogelijk een lichte zwelling of borreling op het oppervlak van de worsten.

h) Plaats de worsten na de eerste fermentatieperiode in een warme en vochtige omgeving voor verdere fermentatie. Een temperatuurbereik van 32°C tot 38°C (90°F tot 100°F) met een hoge luchtvochtigheid is ideaal. U kunt een gistingskamer of een warme en vochtige ruimte in uw keuken gebruiken.

i) Laat de worsten 24 tot 48 uur fermenteren, afhankelijk van het gewenste fermentatieniveau. Gedurende deze tijd moeten de worsten een licht pittige en gefermenteerde smaak ontwikkelen.

j) Na de gisting zijn de worsten klaar om gekookt te worden. Je kunt ze grillen, bakken of stomen tot ze gaar zijn.

k) Eenmaal gekookt, serveer de kunchiang warm als tussendoortje of als onderdeel van een maaltijd. Het wordt vaak gegeten met kleefrijst, verse groenten en pittige dipsauzen.

CHARCUTERE RUNDVLEES

78. Luchtgedroogde Bresaola

INGREDIËNTEN:

- 2 pond runderoog van rond gebraad
- ½ kopje koosjer zout
- ¼ kopje suiker
- 2 eetlepels zwarte peperkorrels, geplet
- 1 eetlepel jeneverbessen, geplet
- 1 eetlepel gedroogde tijm
- 1 eetlepel gedroogde rozemarijn
- 4 laurierblaadjes, geplet
- ¼ kopje rode wijn

INSTRUCTIES:

a) Meng in een kom het koosjer zout, de suiker, de gemalen zwarte peperkorrels, de gemalen jeneverbessen, de gedroogde tijm, de gedroogde rozemarijn en de gemalen laurierblaadjes.

b) Wrijf het mengsel gelijkmatig over het runderoog van het ronde braadstuk en zorg ervoor dat alle kanten bedekt zijn.

c) Sprenkel de rode wijn over het braadstuk om het uithardingsmengsel te helpen hechten.

d) Doe het gekruide braadstuk in een grote hersluitbare zak of wikkel het stevig in plasticfolie.

e) Zet het vlees 7-10 dagen in de koelkast en draai het braadstuk elke 2 dagen om, zodat het uithardingsmengsel gelijkmatig wordt verdeeld.

f) Na de uithardingsperiode haalt u het braadstuk uit de zak en spoelt u het af onder koud water om overtollig zout en kruiden te verwijderen.

g) Dep het braadstuk droog met keukenpapier en hang het 3-4 weken op een koele, goed geventileerde plaats, zodat het aan de lucht kan drogen en zijn karakteristieke smaak kan ontwikkelen.

h) Zodra de bresaola droog is, is hij klaar om in dunne plakjes te worden gesneden en te worden gegeten als delicaat gezouten vlees.

79.Wagyu-rundvlees Bresaola

INGREDIËNTEN:

- 2 pond Wagyu beef eye round of soortgelijke magere stukken, in dunne plakjes gesneden
- ¼ kopje koosjer zout
- 2 eetlepels suiker
- 2 theelepels gemalen zwarte peper
- 2 theelepels gedroogde tijm
- 2 theelepels gedroogde rozemarijn
- 2 theelepels gedroogde jeneverbessen, geplet
- 1 theelepel roze pekelzout (Praagpoeder #1)

INSTRUCTIES:

a) Meng in een kom het koosjer zout, de suiker, de zwarte peper, de gedroogde tijm, de gedroogde rozemarijn, de gemalen jeneverbessen en het roze pekelzout.

b) Wrijf het mengsel over de plakjes Wagyu-rundvlees en zorg ervoor dat ze gelijkmatig bedekt zijn.

c) Doe de plakjes rundvlees in een ritssluitingszak en zet ze 7-10 dagen in de koelkast. Draai ze elke 2-3 dagen om.

d) Haal na het uitharden de plakjes rundvlees uit de zak en spoel ze af onder koud water.

e) Dep de plakjes rundvlees droog met keukenpapier.

f) Hang de plakjes rundvlees 2-3 weken in een koele, goed geventileerde ruimte om aan de lucht te drogen.

g) Eenmaal gedroogd kan Wagyu beef bresaola in dunne plakjes worden gesneden en als delicatesse worden genoten.

80.Cornedbeef

INGREDIËNTEN:
- 4 pond runderborststuk
- 1 kopje koosjer zout
- ½ kopje suiker
- 2 eetlepels roze pekelzout (Praagpoeder #1)
- 4 teentjes knoflook, fijngehakt
- 2 eetlepels beitskruid
- Water, genoeg om het borststuk te bedekken

INSTRUCTIES:
a) Meng in een grote pan het koosjer zout, de suiker, het roze pekelzout, de gehakte knoflook en het beitskruid.

b) Voeg voldoende water toe aan de pan om het runderborststuk te bedekken.

c) Breng het mengsel aan de kook, roer tot de zouten en de suiker zijn opgelost.

d) Haal de pan van het vuur en laat de pekel afkoelen tot kamertemperatuur.

e) Doe het runderborststuk in een grote bak of ritssluitingszak en giet de afgekoelde pekel erover.

f) Zorg ervoor dat het borststuk volledig in de pekel is ondergedompeld en bedek of sluit vervolgens de container/zak.

g) Zet het borststuk 5-7 dagen in de pekel in de koelkast en draai het elke 2-3 dagen om.

h) Na de uithardingsperiode haalt u het borststuk uit de pekel en spoelt u het af onder koud water.

i) Kook de cornedbeef door hem in een pan met water te laten sudderen tot hij gaar is.

j) Corned beef kan in plakjes worden gesneden en als hoofdgerecht worden geserveerd of op sandwiches worden gebruikt.

81. Bündnerfleisch

INGREDIËNTEN:
- 2 pond runderoog rond of soortgelijke magere stukken, in dunne plakjes gesneden
- ¼ kopje koosjer zout
- 2 eetlepels suiker
- 2 theelepels gemalen zwarte peper
- 1 theelepel gemalen jeneverbessen
- 1 theelepel gemalen koriander
- 1 theelepel gemalen kruidnagel
- 1 theelepel gemalen nootmuskaat
- ½ theelepel roze pekelzout (Praagpoeder #1)
- ½ kopje witte wijn

INSTRUCTIES:
a) Meng in een kom het koosjer zout, de suiker, de zwarte peper, de gemalen jeneverbessen, de gemalen koriander, de gemalen kruidnagel, de gemalen nootmuskaat en het roze pekelzout.

b) Wrijf het mengsel over de plakjes rundvlees en zorg ervoor dat ze gelijkmatig bedekt zijn.

c) Doe de plakjes rundvlees in een ritssluitingszak en zet deze 24 uur in de koelkast, zodat de smaken zich kunnen ontwikkelen.

d) Haal na het uitharden de plakjes rundvlees uit de zak en spoel ze af onder koud water.

e) Dep de plakjes rundvlees droog met keukenpapier.

f) Verwarm de oven voor op 80°C.

g) Leg de plakjes rundvlees op een rooster op een bakplaat.

h) Giet de witte wijn over de plakjes rundvlees.

i) Kook de plakjes rundvlees in de voorverwarmde oven gedurende 2-3 uur, of tot ze gedroogd zijn en een stevige textuur hebben gekregen.

j) Eenmaal gedroogd kan Bündnerfleisch in dunne plakjes worden gesneden en als delicatesse worden genoten.

82. Pastrami

INGREDIËNTEN:
- 4 pond runderborststuk
- ½ kopje koosjer zout
- ¼ kopje suiker
- 2 eetlepels zwarte peperkorrels, geplet
- 2 eetlepels korianderzaad, gemalen
- 1 eetlepel mosterdzaad
- 1 eetlepel paprikapoeder
- 1 eetlepel knoflookpoeder
- 1 theelepel uienpoeder
- 1 theelepel roze pekelzout (Praagpoeder #1)

INSTRUCTIES:

a) Meng in een kom het koosjer zout, de suiker, gemalen peperkorrels, gemalen korianderzaad, mosterdzaad, paprikapoeder, knoflookpoeder, uienpoeder en roze pekelzout.

b) Wrijf het mengsel over het runderborststuk en zorg ervoor dat het gelijkmatig bedekt is.

c) Doe het borststuk in een ritssluitingszak en zet het 7-10 dagen in de koelkast. Draai het elke 2-3 dagen om.

d) Na de uithardingsperiode haalt u het borststuk uit de zak en spoelt u het af onder koud water.

e) Dep het borststuk droog en laat het 12-24 uur aan de lucht drogen in de koelkast.

f) Verwarm de roker voor op de aanbevolen temperatuur en rook het borststuk tot het een interne temperatuur van 93 °C (200 °F) heeft bereikt.

g) Laat de pastrami afkoelen voordat je hem in dunne plakjes snijdt.

83.Biltong

INGREDIËNTEN:

- 2 pond rundvlees (zoals bovenste ronde of zilveren kant), in dunne plakjes gesneden
- ¼ kopje koosjer zout
- 2 eetlepels gemalen koriander
- 2 eetlepels gemalen zwarte peper
- 1 eetlepel bruine suiker
- 1 theelepel paprikapoeder
- 1 theelepel knoflookpoeder
- 1 theelepel uienpoeder
- ½ theelepel zuiveringszout
- Azijn (zoals witte azijn of appelciderazijn), om te spoelen

INSTRUCTIES:

a) Meng in een kom het koosjer zout, gemalen koriander, gemalen zwarte peper, bruine suiker, paprikapoeder, knoflookpoeder, uienpoeder en zuiveringszout.
b) Wrijf het mengsel over de plakjes rundvlees en zorg ervoor dat ze gelijkmatig bedekt zijn.
c) Doe de plakjes rundvlees in een ritssluitingszak en zet deze 24 uur in de koelkast om te marineren.
d) Haal na het marineren de plakjes rundvlees uit de zak en spoel ze af onder azijn om overtollig zout te verwijderen.
e) Dep de plakjes rundvlees droog met keukenpapier.
f) Hang de plakjes rundvlees 3-7 dagen in een koele, goed geventileerde ruimte om aan de lucht te drogen, afhankelijk van de gewenste textuur.
g) Eenmaal gedroogd kan biltong in dunne plakjes worden gesneden en als tussendoortje worden gegeten.

84.Rundvleespancetta

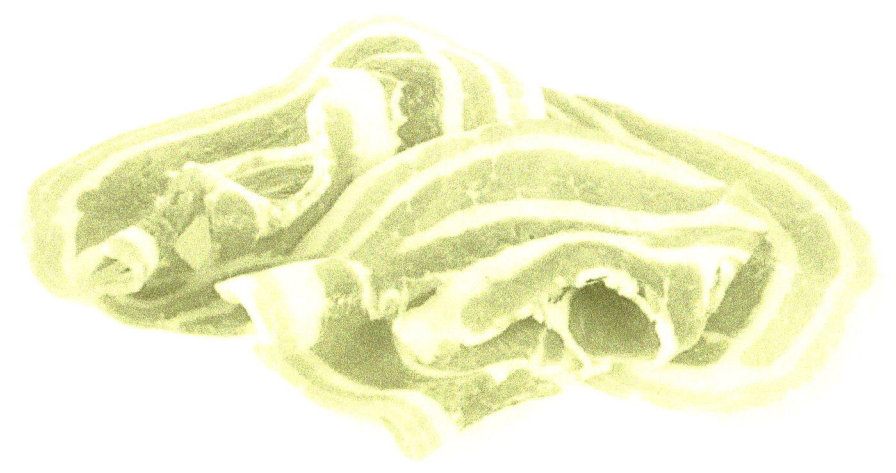

INGREDIËNTEN:
- 2 pond runderbuik of zijsteak
- ¼ kopje koosjer zout
- 2 eetlepels suiker
- 2 theelepels zwarte peperkorrels, geplet
- 4 teentjes knoflook, fijngehakt
- 4 takjes verse tijm, gehakt
- 4 takjes verse rozemarijn, gehakt
- 1 theelepel roze pekelzout (Praagpoeder #1)

INSTRUCTIES:

a) Meng in een kom het koosjer zout, de suiker, de gemalen peperkorrels, de gehakte knoflook, de gehakte tijm, de gehakte rozemarijn en het roze pekelzout.

b) Wrijf het mengsel over de runderbuik of zijsteak en zorg ervoor dat deze gelijkmatig bedekt is.

c) Doe het rundvlees in een ritssluitingszak en zet het 7-10 dagen in de koelkast. Draai het elke 2-3 dagen om.

d) Haal na de uithardingsperiode het rundvlees uit de zak en spoel het af onder koud water.

e) Dep het rundvlees droog en wikkel het strak in kaasdoek of mousseline.

f) Hang het verpakte rundvlees 2-3 weken op in een koele, goed geventileerde ruimte om te drogen.

g) Eenmaal gedroogd kan runderpancetta in dunne plakjes worden gesneden en in verschillende gerechten worden gebruikt.

85.Rundvleessalami

INGREDIËNTEN:
- 4 pond rundergehakt
- ½ pond rundervet, fijngehakt
- ¼ kopje koosjer zout
- 2 eetlepels suiker
- 2 theelepels zwarte peperkorrels, geplet
- 2 theelepels venkelzaad
- 2 theelepels paprikapoeder
- 2 theelepels knoflookpoeder
- 1 theelepel roze pekelzout (Praagpoeder #1)
- Snijd de behuizingen

INSTRUCTIES:
a) Meng in een kom het gehakt, gehakt rundervet, koosjer zout, suiker, gemalen peperkorrels, venkelzaad, paprikapoeder, knoflookpoeder en roze pekelzout.

b) Meng de ingrediënten grondig tot ze goed gecombineerd zijn.

c) Vul het mengsel in varkensdarmen en knoop de uiteinden vast.

d) Hang de worsten gedurende 2-3 dagen in een koele, goed geventileerde ruimte om te drogen en de smaak te ontwikkelen.

e) Verwarm de roker voor op de aanbevolen temperatuur en rook de salami tot deze een interne temperatuur van 65°C heeft bereikt.

f) Laat de salami volledig afkoelen voordat je hem in stukken snijdt en ervan geniet.

86 Bologna

INGREDIËNTEN:
- 2 pond rundergehakt
- ½ pond gemalen varkensvlees
- ¼ kopje koosjer zout
- ¼ kopje suiker
- 2 theelepels gemalen zwarte peper
- 2 theelepels knoflookpoeder
- 2 theelepels uienpoeder
- 2 theelepels paprikapoeder
- 1 theelepel roze pekelzout (Praagpoeder #1)
- ½ theelepel gemalen koriander
- ½ theelepel gemalen mosterd
- ½ theelepel gemalen nootmuskaat
- Natuurlijk runderdarm (indien gewenst)

INSTRUCTIES:

a) Meng in een grote kom het rundergehakt, het gemalen varkensvlees, het koosjer zout, de suiker, de zwarte peper, de knoflookpoeder, het uienpoeder, de paprika, het roze pekelzout, de koriander, de gemalen mosterd en de nootmuskaat. Meng goed om ervoor te zorgen dat de kruiden gelijkmatig door het vlees worden verdeeld.

b) Als u natuurlijke runderdarm gebruikt, week deze dan in warm water volgens de instructies op de verpakking om deze zacht te maken.

c) Bereid uw worstvuller voor volgens de instructies van de fabrikant. Als je geen worstvuller hebt, kun je van het bolognamengsel ook een brood vormen.

d) Als u omhulsel gebruikt, schuift u het ene uiteinde van het omhulsel voorzichtig op de worstvulbuis, waarbij u een beetje overhang laat. Duw de resterende behuizing op de buis en zorg ervoor dat deze gelijkmatig verdeeld is.

e) Vul het bolognamengsel in de vorm of vorm er een brood van, zorg ervoor dat eventuele luchtbellen worden verwijderd en zorg voor een gelijkmatige vulling. Als u een brood maakt, vorm het dan strak en wikkel het in aluminiumfolie.

f) Als je een omhulsel gebruikt, knoop de uiteinden van de bologna dan af met keukentouw, zodat er aan één uiteinde een lus ontstaat om op te hangen.

g) Als je de bologna wilt laten drogen voor extra smaak, hang de bologna dan 24 tot 48 uur op een koele, droge plaats, zoals een koelkast. Hierdoor kunnen de smaken samensmelten en kan de bologna een diepere smaak ontwikkelen. Zorg ervoor dat er wat ruimte tussen de bologna zit en zorg voor luchtcirculatie.

h) Na de uithardingsperiode verwarmt u uw oven voor op 165°C (325°F).

i) Leg de bologna op een bakplaat bekleed met bakpapier of in een bakvorm als je er een brood van hebt gemaakt. Als u een broodvorm gebruikt, verwijder dan de aluminiumfolie.

j) Bak de bologna in de voorverwarmde oven gedurende ongeveer 1,5 tot 2 uur, of tot de interne temperatuur 71°C bereikt. Als je er een brood van maakt, kan de kooktijd iets langer zijn.

k) Eenmaal gekookt, haal de bologna uit de oven en laat hem afkoelen voordat je hem aansnijdt.

l) Gezouten bologna kan koud of licht gebakken worden geserveerd. Snijd het in plakjes en gebruik het in sandwiches, salades of geniet ervan op zichzelf.

CHARCUTERIE GEVOGELTE

87 Eend prosciutto

INGREDIËNTEN:
- 4 eendenborsten
- ¼ kopje koosjer zout
- 2 eetlepels suiker
- 1 eetlepel zwarte peperkorrels, geplet
- 4 takjes verse tijm
- 4 laurierblaadjes

INSTRUCTIES:
a) Meng in een kom het koosjer zout, de suiker, de gemalen zwarte peperkorrels, de verse tijmblaadjes en de gemalen laurierblaadjes.

b) Leg de eendenborsten in een ondiepe schaal en wrijf het mengsel gelijkmatig over het vlees, zorg ervoor dat alle kanten bedekt zijn.

c) Stapel de gekruide eendenborsten op elkaar, dek de schaal af en zet deze 24-48 uur in de koelkast, zodat het vlees kan uitharden en smaak kan ontwikkelen.

d) Haal na het uitharden de eendenborsten uit de schaal en spoel ze af onder koud water om overtollig zout en kruiden te verwijderen.

e) Dep de eendenborsten droog met keukenpapier en wikkel elke borst strak in kaasdoek en zet de uiteinden vast met keukentouw.

f) Hang de verpakte eendenborsten gedurende 1-2 weken in een koele, goed geventileerde ruimte, zodat ze aan de lucht kunnen drogen en hun karakteristieke smaak kunnen ontwikkelen.

g) Zodra de eendenprosciutto is gedroogd, verwijdert u de kaasdoek, snijdt u het vlees in dunne plakjes en geniet u van de delicate, gezouten smaak van deze gastronomische traktatie.

88. Duik hem

INGREDIËNTEN:
- 2 eendenborsten
- ¼ kopje koosjer zout
- 2 eetlepels suiker
- 2 theelepels gemalen zwarte peper
- 2 theelepels gedroogde tijm
- 2 theelepels gedroogde rozemarijn
- 2 theelepels gedroogde jeneverbessen, geplet
- 1 theelepel roze pekelzout (Praagpoeder #1)

INSTRUCTIES:
a) Meng in een kom het koosjer zout, de suiker, de zwarte peper, de gedroogde tijm, de gedroogde rozemarijn, de gemalen jeneverbessen en het roze pekelzout.
b) Wrijf het mengsel over de eendenborsten en zorg ervoor dat ze gelijkmatig bedekt zijn.
c) Doe de eendenborsten in een ritssluitingszak en zet ze 24-48 uur in de koelkast.
d) Haal na het uitharden de eendenborsten uit de zak en spoel ze af onder koud water.
e) Dep de eendenborsten droog met keukenpapier.
f) Verwarm de oven voor op 80°C.
g) Leg de eendenborsten op een rooster op een bakplaat.
h) Kook de eendenborsten in de voorverwarmde oven gedurende 2-3 uur, of tot ze een interne temperatuur van 74°C hebben bereikt.
i) Eenmaal gekookt, laat u de eendenborsten afkoelen voordat u ze in dunne plakjes snijdt, zodat u ervan kunt genieten als eendenham.

89. Kip Pastrami

INGREDIËNTEN:

- 2 kipfilets zonder bot en zonder vel
- ¼ kopje koosjer zout
- 2 eetlepels suiker
- 2 theelepels zwarte peperkorrels, geplet
- 1 theelepel korianderzaad, gemalen
- 1 theelepel mosterdzaad
- 1 theelepel paprikapoeder
- ½ theelepel knoflookpoeder
- ½ theelepel uienpoeder

INSTRUCTIES:

a) Meng in een kom het koosjer zout, de suiker, gemalen peperkorrels, gemalen korianderzaad, mosterdzaad, paprikapoeder, knoflookpoeder en uienpoeder.

b) Wrijf het mengsel over de kipfilets en zorg ervoor dat ze gelijkmatig bedekt zijn.

c) Doe de kipfilets in een ritssluitingszak en zet deze 24-48 uur in de koelkast.

d) Haal na het uitharden de kipfilets uit de zak en spoel ze af onder koud water.

e) Dep de kipfilets droog en wikkel ze strak in kaasdoek of mousseline.

f) Zet de verpakte kipfilets nog eens 24-48 uur in de koelkast om de smaken verder te ontwikkelen.

g) Eenmaal uitgehard, kan kippastrami in dunne plakjes worden gesneden en worden gegeten op sandwiches of als onderdeel van een charcuterieschotel.

90. Turkse Bacon

INGREDIËNTEN:
- 2 pond kalkoenfilet, zonder vel en zonder bot
- ¼ kopje koosjer zout
- 2 eetlepels suiker
- 1 eetlepel zwarte peperkorrels, geplet
- 1 eetlepel gedroogde tijm
- 1 eetlepel gerookte paprikapoeder
- 1 theelepel knoflookpoeder
- ½ theelepel roze pekelzout (Praagpoeder #1)

INSTRUCTIES:
a) Meng in een kom het koosjer zout, de suiker, gemalen peperkorrels, gedroogde tijm, gerookte paprika, knoflookpoeder en roze pekelzout.

b) Wrijf het mengsel over de kalkoenfilet en zorg ervoor dat deze gelijkmatig bedekt is.

c) Doe de kalkoenfilet in een ritssluitingszak en zet deze 5-7 dagen in de koelkast. Draai hem elke dag om.

d) Na de uithardingsperiode haalt u de kalkoenborst uit de zak en spoelt u deze af onder koud water.

e) Dep de kalkoenborst droog en laat hem 12-24 uur aan de lucht drogen in de koelkast.

f) Verwarm de oven voor op 80°C (175°F) of de laagst beschikbare temperatuur.

g) Rook de kalkoenborst in een rookoven of bak hem in de voorverwarmde oven tot hij een interne temperatuur van 65°C heeft bereikt.

h) Laat het kalkoenspek volledig afkoelen voordat u het in plakjes snijdt en gebruikt als een smaakvol alternatief voor traditioneel spek.

91. Kippen worst

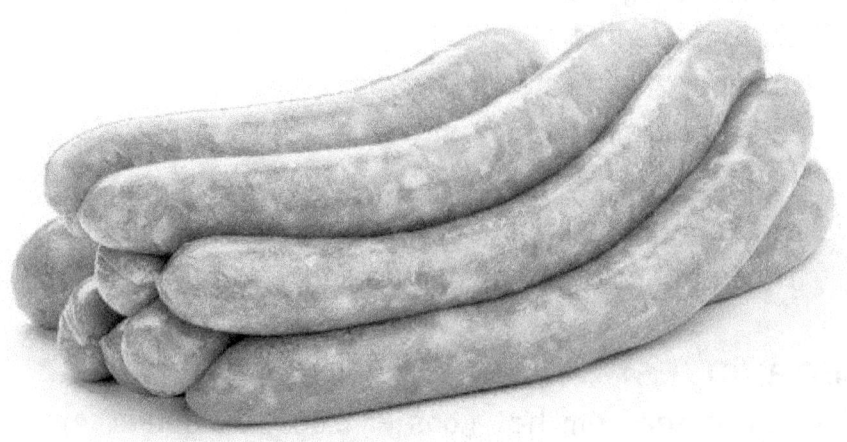

INGREDIËNTEN:

- 2 pond gemalen kip
- 2 theelepels koosjer zout
- 1 theelepel gemalen zwarte peper
- 1 theelepel paprikapoeder
- 1 theelepel knoflookpoeder
- 1 theelepel gedroogde tijm
- ½ theelepel gedroogde salie
- ½ theelepel gedroogde rozemarijn
- ½ theelepel venkelzaad (optioneel)
- Natuurlijke worstdarmen (indien gewenst)

INSTRUCTIES:

a) Meng in een grote kom de gemalen kip, het koosjer zout, de zwarte peper, de paprika, het knoflookpoeder, de tijm, de salie, de rozemarijn en de venkelzaadjes. Meng goed om ervoor te zorgen dat de kruiden gelijkmatig over het vlees worden verdeeld.

b) Als u natuurlijke worstdarmen gebruikt, week ze dan in warm water volgens de instructies op de verpakking om ze zacht te maken.

c) Bereid uw worstvuller voor volgens de instructies van de fabrikant. Als je geen worstvuller hebt, kun je van het worstmengsel ook pasteitjes maken.

d) Als u omhulsels gebruikt, schuift u het ene uiteinde van het omhulsel voorzichtig op de worstvulbuis, waarbij u een beetje overhang laat. Duw de resterende behuizing op de buis en zorg ervoor dat deze gelijkmatig verdeeld is.

e) Vul het kippenmengsel in de omhulsels of vorm er pasteitjes van, zorg ervoor dat eventuele luchtbellen worden verwijderd en zorg voor een gelijkmatige vulling.

Draai de worsten met regelmatige tussenpozen om individuele schakels te creëren.

f) Als u darmen gebruikt, bindt u het uiteinde van de worsten af met keukentouw zodra u de gewenste lengte heeft bereikt. Als u pasteitjes maakt, plaats ze dan op een bakplaat bekleed met bakpapier.

g) Als u van plan bent de worsten meteen te koken, kunt u doorgaan naar de volgende stap. Als je de worsten echter wilt laten rijpen voor extra smaak, plaats ze dan 24 tot 48 uur op een koele, droge plaats, zoals de koelkast. Hierdoor kunnen de smaken samensmelten en ontwikkelen de worsten een diepere smaak. Zorg ervoor dat er wat ruimte tussen de worsten zit, zodat de lucht kan circuleren.

h) Als u klaar bent om te koken, kunt u de worsten grillen, bakken of bakken. Als u grilt of in de pan braadt, kook dan op middelhoog vuur tot de worsten volledig gaar zijn en een interne temperatuur van 74°C bereiken. Als u gaat bakken, verwarm de oven dan voor op 190°C en bak de worsten ongeveer 20-25 minuten of tot ze volledig gaar zijn.

i) Eenmaal gekookt, serveer de gezouten kippenworstjes warm met je favoriete bijgerechten of gebruik ze in verschillende gerechten zoals pasta, sandwiches of ontbijtrecepten.

j) Geniet van je zelfgemaakte gezouten kippenworstjes!

92. Corned Kip

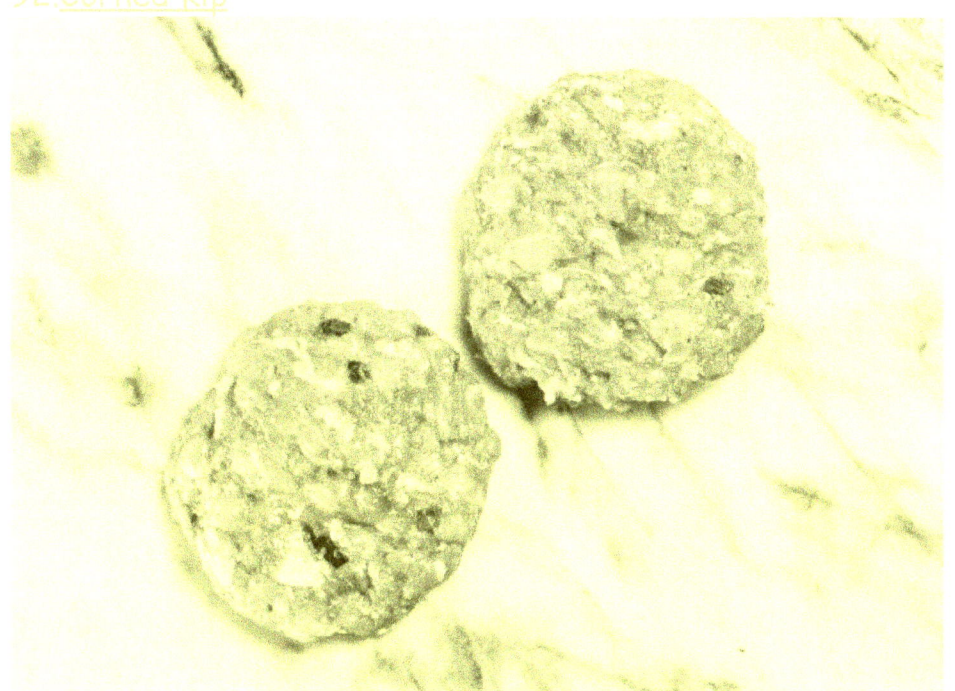

INGREDIËNTEN:
- 2 pond stukjes kip (zoals borsten, dijen of een hele kip in stukjes gesneden)
- 4 kopjes water
- ½ kopje koosjer zout
- ¼ kopje suiker
- 2 eetlepels beitskruiden (een mengsel van peperkorrels, mosterdzaad, korianderzaad, dillezaad en laurierblaadjes)
- 2 teentjes knoflook, fijngehakt
- 1 theelepel hele zwarte peperkorrels
- 1 theelepel mosterdzaad

INSTRUCTIES:
a) Meng in een grote pan water, koosjer zout, suiker, beitskruiden, gehakte knoflook, zwarte peperkorrels en mosterdzaad. Roer goed totdat het zout en de suiker zijn opgelost.

b) Voeg de stukken kip toe aan de pan en zorg ervoor dat ze volledig ondergedompeld zijn in de pekel. Indien nodig kunt u ze verzwaren met een bord of een zwaar voorwerp om ze onder water te houden.

c) Dek de pot af en zet hem minimaal 48 uur in de koelkast, of maximaal 72 uur voor een sterkere smaak. Draai de stukken kip gedurende deze tijd af en toe om een gelijkmatige pekeling te garanderen.

d) Haal na het pekelen de stukken kip uit de pekel en spoel ze grondig af onder koud water om overtollig zout en kruiden te verwijderen.

e) Doe de afgespoelde kip in een grote pan en voeg voldoende vers water toe om de kip onder water te zetten.

f) Breng het water aan de kook op middelhoog vuur, zet het vuur laag en laat het ongeveer 1 tot 1,5 uur zachtjes sudderen, of totdat de kip gaar en gaar is. Schuim eventueel schuim of onzuiverheden af die tijdens het koken naar de oppervlakte komen.

g) Eenmaal gekookt, haalt u de kip uit de pan en laat u hem iets afkoelen voordat u hem in stukken snijdt of serveert.

h) Corned Chicken kan warm worden geserveerd met je favoriete bijgerechten, zoals gestoomde groenten en aardappelpuree.

i) Je kunt het ook volledig laten afkoelen en gebruiken in sandwiches, salades of andere gerechten.

CHARCUTERY VISSEN EN ZEEVRUCHTEN

93 Gravlax / Gravlax

INGREDIËNTEN:
- 1 pond verse zalmfilet, met vel
- ¼ kopje koosjer zout
- ¼ kopje kristalsuiker
- 2 eetlepels versgemalen zwarte peper
- 1 eetlepel verse dille, gehakt
- 1 eetlepel mosterdzaad
- 1 eetlepel wodka (optioneel)

INSTRUCTIES:

a) Spoel de zalmfilet af en dep hem droog met keukenpapier.

b) Meng in een kom het koosjer zout, de suiker, de zwarte peper, de dille, het mosterdzaad en de wodka (indien gebruikt).

c) Leg de zalmfilet in een ondiepe schaal, met het vel naar beneden, en wrijf het zoutmengsel gelijkmatig over de vleeskant.

d) Dek de schaal af en zet hem 24-48 uur in de koelkast. Draai de zalm halverwege het uithardingsproces een keer om.

e) Haal na het uitharden de zalm uit de schaal en spoel hem af onder koud water om overtollig zout en kruiden te verwijderen.

f) Dep de zalm droog met keukenpapier en snijd hem in dunne plakjes.

g) Serveer de gravadlax op roggebrood of toast, vergezeld van de mosterdsaus en dille.

94 Gezouten garnalen

INGREDIËNTEN:
- 1 pond grote garnalen, gepeld en ontdaan van darmen
- ¼ kopje koosjer zout
- ¼ kopje suiker
- 1 eetlepel citroenschil
- 1 eetlepel limoenschil
- 1 eetlepel sinaasappelschil
- 1 theelepel gemalen rode pepervlokken

INSTRUCTIES:

a) Meng in een kom het koosjer zout, de suiker, de citroenschil, de limoenschil, de sinaasappelschil en de gemalen rode pepervlokken.

b) Gooi de garnalen in het zoutmengsel totdat ze gelijkmatig bedekt zijn.

c) Doe de gekruide garnalen in een ondiepe schaal en dek de schaal af.

d) Zet het 1-2 uur in de koelkast, zodat de garnalen kunnen uitharden en de smaken kunnen absorberen.

e) Haal na het uitharden de garnalen uit de schaal en spoel ze af onder koud water om overtollig zout en kruiden te verwijderen.

f) Dep de garnalen droog met keukenpapier en serveer ze gekoeld als verfrissend visgerecht of in een salade.

95 De zalmham

INGREDIËNTEN:
- 2 pond zalmfilets, zonder vel
- ¼ kopje koosjer zout
- 2 eetlepels suiker
- 2 theelepels gemalen zwarte peper
- 2 theelepels gedroogde dille
- 2 theelepels gedroogde tijm
- 2 theelepels gedroogde rozemarijn
- 2 theelepels citroenschil
- 1 theelepel roze pekelzout (Praagpoeder #1)

INSTRUCTIES:

a) Meng in een kom het koosjer zout, de suiker, de zwarte peper, de gedroogde dille, de gedroogde tijm, de gedroogde rozemarijn, de citroenschil en het roze pekelzout.

b) Wrijf het mengsel over de zalmfilets en zorg ervoor dat ze gelijkmatig bedekt zijn.

c) Doe de zalmfilets in een ritssluitingszak en zet deze 24-48 uur in de koelkast.

d) Haal na het uitharden de zalmfilets uit de zak en spoel ze af onder koud water.

e) Dep de zalmfilets droog met keukenpapier.

f) Verwarm de oven voor op 80°C.

g) Leg de zalmfilets op een rooster op een bakplaat.

h) Kook de zalmfilets in de voorverwarmde oven gedurende 2-3 uur, of tot ze gedroogd zijn en een stevige textuur hebben gekregen.

i) Eenmaal gedroogd kunnen lachsschinken in dunne plakjes worden gesneden en als delicatesse worden genoten.

96. Gezouten Sardines

INGREDIËNTEN:
- 1 pond verse sardines, schoongemaakt en gestript
- ¼ kopje koosjer zout
- ¼ kopje suiker
- 1 eetlepel citroenschil
- 1 eetlepel sinaasappelschil
- 1 eetlepel venkelzaad, gemalen
- 1 theelepel gemalen rode pepervlokken

INSTRUCTIES:
a) Spoel de sardientjes af en dep ze droog met keukenpapier.
b) Meng in een kom het koosjer zout, de suiker, de citroenschil, de sinaasappelschil, de gemalen venkelzaadjes en de gemalen rode pepervlokken.
c) Strooi het zoutmengsel gelijkmatig over de sardientjes en bestrijk ze aan beide kanten.
d) Doe de gekruide sardientjes in een ondiepe schaal, dek de schaal af en zet 2-3 uur in de koelkast.
e) Haal na het uitharden de sardientjes uit de schaal en spoel ze af onder koud water om overtollig zout en kruiden te verwijderen.
f) Dep de sardientjes droog met keukenpapier en serveer ze gemarineerd in olijfolie, citroensap en verse kruiden.

97.Gezouten Makreel

INGREDIËNTEN:
- 2 makreelfilets, met vel
- ¼ kopje koosjer zout
- ¼ kopje suiker
- 1 eetlepel citroenschil
- 1 eetlepel tijmblaadjes
- 1 theelepel gemalen korianderzaad
- 1 theelepel zwarte peperkorrels, gemalen

INSTRUCTIES:
a) Spoel de makreelfilets af en dep ze droog met keukenpapier.

b) Meng in een kom het koosjer zout, de suiker, de citroenschil, de tijmblaadjes, het gemalen korianderzaad en de gemalen zwarte peperkorrels.

c) Wrijf het zoutmengsel gelijkmatig over de vleeszijde van de makreelfilets.

d) Leg de filets in een ondiepe schaal, met het vel naar beneden, en dek de schaal af.

e) Zet 4-6 uur in de koelkast, zodat de makreel kan uitharden en de smaken kan opnemen.

f) Haal na het uitharden de makreel uit de schaal en spoel hem af onder koud water om overtollig zout en kruiden te verwijderen.

g) Dep de makreel droog met keukenpapier en serveer hem in dunne plakjes, vergezeld van ingelegde groenten en knapperig brood.

98.Genezen Sint-jakobsschelpen

INGREDIËNTEN:
- 1 pond verse Sint-jakobsschelpen
- ¼ kopje koosjer zout
- ¼ kopje suiker
- 2 eetlepels citroenschil
- 1 eetlepel sinaasappelschil
- 1 eetlepel verse dragon, gehakt
- 1 theelepel zwarte peperkorrels, gemalen

INSTRUCTIES:
a) Spoel de coquilles af en dep ze droog met keukenpapier.
b) Meng in een kom het koosjer zout, de suiker, de citroenschil, de sinaasappelschil, de gehakte dragon en de gemalen zwarte peperkorrels.
c) Strooi het zoutmengsel gelijkmatig over de sint-jakobsschelpen en bestrijk ze aan alle kanten.
d) Doe de gekruide Sint-jakobsschelpen in een ondiepe schaal, dek de schaal af en zet 1-2 uur in de koelkast.
e) Haal na het uitharden de sint-jakobsschelpen uit de schaal en spoel ze af onder koud water om overtollig zout en kruiden te verwijderen.
f) Dep de coquilles droog met keukenpapier en serveer ze rauw als ceviche of schroei ze kort in een hete pan voor een gekarameliseerd korstje.

99. Genezen zwaardvis

INGREDIËNTEN:

- 1 pond zwaardvissteak
- ¼ kopje koosjer zout
- ¼ kopje suiker
- 2 eetlepels limoenschil
- 1 eetlepel verse koriander, gehakt
- 1 eetlepel komijnzaad, gemalen
- 1 theelepel gemalen rode pepervlokken

INSTRUCTIES:

a) Spoel de zwaardvissteak af en dep hem droog met keukenpapier.

b) Meng in een kom het koosjer zout, de suiker, de limoenschil, de gehakte koriander, het gemalen komijnzaad en de gemalen rode pepervlokken.

c) Wrijf het zoutmengsel gelijkmatig over beide zijden van de zwaardvissteak.

d) Leg de biefstuk in een ondiepe schaal en dek de schaal af.

e) Zet 4-6 uur in de koelkast, zodat de zwaardvis kan uitharden en de smaken kan opnemen.

f) Haal na het uitharden de zwaardvis uit de schaal en spoel hem af onder koud water om overtollig zout en kruiden te verwijderen.

g) Dep de zwaardvis droog met keukenpapier en gril of schroei hem tot de gewenste gaarheid.

100.Gezouten forelkuit (kaviaar)

INGREDIËNTEN:
- 1 kopje forelkuit (vers of bevroren)
- ¼ kopje koosjer zout
- ¼ kopje suiker

INSTRUCTIES:
a) Spoel de forelkuit af met koud water en dep hem droog met keukenpapier.
b) Meng het koosjer zout en de suiker in een kom.
c) Strooi het zoutmengsel gelijkmatig over de forelkuit en masseer het zachtjes in de eieren.
d) Doe de gezouten bieten in een bakje en dek deze af.
e) Zet 24 uur in de koelkast, zodat de bieten kunnen uitharden.
f) Na de uithardingsperiode haalt u de raap uit de container en spoelt u hem voorzichtig af onder koud water om overtollig zout te verwijderen.
g) Dep de biet droog met keukenpapier en serveer hem als luxe topping voor blini's, toastpoints of visgerechten.

CONCLUSIE

Nu we onze reis door de wereld van charcuterieborden en -schotels afsluiten, hopen we dat dit kookboek je heeft geïnspireerd om je amusementsvaardigheden te verbeteren en verbluffende spreads te creëren die even visueel aantrekkelijk als heerlijk zijn.

Vergeet niet dat de ware schoonheid van charcuterie ligt in de veelzijdigheid ervan en het vermogen om tegemoet te komen aan een verscheidenheid aan smaken en voedingsvoorkeuren. Wees niet bang om te experimenteren met verschillende combinaties, texturen en smaken om uw charcuteriecreaties uniek te maken. Of u nu lokale specialiteiten gebruikt, internationale smaken verkent of zich concentreert op seizoensgebonden ingrediënten: laat uw creativiteit de vrije loop.

Deel de vreugde van het samenkomen en grazen met dierbaren, en creëer momenten van verbinding en feest rond een zorgvuldig samengestelde spread. Omarm de kunst van het entertainen en geniet van de voldoening te weten dat uw inspanningen een glimlach en tevredenheid hebben gebracht bij de mensen om u heen.

Bedankt dat je met ons meegaat op dit charcuterie-gevulde avontuur. Mogen uw bijeenkomsten altijd gevuld zijn met gelach, uw schotels altijd gevuld met verrukkingen, en uw liefde voor stijlvol entertainment blijven bloeien. Veel weideplezier en eet smakelijk!

www.ingramcontent.com/pod-product-compliance
Lightning Source LLC
Chambersburg PA
CBHW071323110526
44591CB00010B/1003